I ♥ BROT

Christin Geweke

I  BROT

Fotos von Eisenhut & Mayer

Hölker Verlag

•INHALT•

I LOVE BROT

Ein Brot, das frisch aus dem Ofen gezaubert wird, erfüllt das ganze Haus mit einem unvergleichlichen Duft. Kein gekauftes Brot vom Bäcker kommt dagegen an. Brot selbst zu backen ist alles andere als kompliziert, wenn man ein paar wenige Dinge beachtet:

- Nur wenn ein Teig genügend Zeit zum Gehen hat, entfaltet er sein einzigartiges Aroma.
- Weniger ist mehr: Dies gilt insbesondere für die Verwendung von Hefe.
- Sauerteig und/oder Vorteige sorgen für besondere Gaumenfreuden.
- Alle Zutaten sollten exakt abgewogen werden. Vor allem das Verhältnis von Mehl und Wasser bestimmt über das Gelingen eines Brotes. Verwendet man zu viel Flüssigkeit, lässt sich ein Brot nicht formen und läuft auseinander; verwendet man zu wenig, wird es trocken und schnell hart.
- Da viele Brote lange Ruhephasen benötigen, ist eine genaue Planung des Backtags unerlässlich.

EIN GUTES BROT BRAUCHT NICHT VIELE ZUTATEN

Brot besteht aus Mehl, Flüssigkeit wie Wasser, Milch oder Buttermilch, Salz und einem Triebmittel. Hefe oder Sauerteig lassen ein Brot schön aufgehen und locker werden und sorgen für Geschmack. Butter, Öl, Joghurt, Crème fraîche oder Quark machen Brote besonders saftig. Püriertes Gemüse oder Gewürze und Kräuter geben dem Brot eine spezielle Note. Eigelb sorgt für eine schöne Farbe. Etwas Zucker, Honig, Ahorn- oder anderer Sirup sowie getrocknetes, geraspeltes oder fein gewürfeltes Obst bringen eine dezente Süße ins Spiel. Nüsse und Kerne liefern Crunch.

Mehl

Ob Roggen-, Weizen- oder Dinkelmehl – es gibt unzählige Mehlsorten, die in Geschmack, Farbe und Backeigenschaften sehr unterschiedlich sind. Die Typenzahl gibt Auskunft über den Mineralstoffgehalt bzw. wie viele Randschichten des Korns im Mehl enthalten sind. Vollkornmehl besteht aus dem vollen gereinigten Korn und ist dunkler und gröber. Es wird nicht durch eine Typenzahl gekennzeichnet. Je heller und feiner ein Mehl ist, desto stärker wurde das Korn ausgemahlen und desto weniger Mineral- und Ballaststoffe enthält es. Dafür ist es länger haltbar. Die Typenzahl nimmt analog zu den noch enthaltenen Kornbestandteilen ab (Tabelle-Typenbezeichnung s. S. 12).

Hefe

Hefe sorgt für Trieb, Geschmack und Lockerung des Brotteigs. In den Rezepten wird ausschließlich Frischhefe verwendet, da die benötigten Mengen oft sehr gering und diese für Trockenhefe entsprechend schwierig abzuwiegen sind.

Hefen sind einzellige Pilze, die äußerst empfindlich auf Hitze und Kälte reagieren. Ab 45 °C sterben sie ab (deshalb bei der Flüssigkeitszugabe immer nur lauwarmes Wasser verwenden), unter 10 °C vermehren sie sich nur noch langsam. Je wärmer die Raumtemperatur beim Gehen oder die zugegebene Flüssigkeit im Teig ist, desto weniger Gehzeit benötigt der Teig, bis er seine volle Gare erreicht hat. Je weniger Hefe man zugibt, desto länger muss der Teig gehen. Damit der Teig ein ausgewogenes Aroma entwickelt, empfiehlt es sich, so wenig Hefe wie nötig zu verwenden und ihm eine möglichst lange Ruhezeit zu gönnen.

Sauerteig

Sauerteig besteht aus Milchsäurebakterien und Hefepilzen und verleiht einem Brotteig sowohl Schub als auch ein einzigartiges Aroma. Außerdem lässt er Brot länger frisch bleiben und macht es bekömmlicher. Die Herstellung von Sauerteig ist nicht kompliziert, dauert jedoch mehrere Tage. Hat man einmal einen Sauerteig im Kühlschrank, kann man ihn jahrelang verwenden – vorausgesetzt man frischt ihn regelmäßig auf.

Zutaten:

300 g Roggenmehl (Roggenvollkornmehl oder Type 1150)

300 ml lauwarmes Wasser

Zubereitung:

Tag 1: Eine Schüssel mit Deckel, der luftdicht abschließt, sterilisieren. 75 g Mehl mit 75 ml lauwarmem Wasser in der Schüssel verrühren. Die Schüssel verschließen und das Teiggemisch 24 Std. an einem warmen Ort (22–30 °C) stehen lassen. Die Schüssel währenddessen ein- bis zweimal öffnen und den Teig mit einem sauberen Löffel durchrühren, sodass Luft eingeschlagen wird. Die Schüssel wieder verschließen.

Tag 2: 75 g Mehl und 75 ml lauwarmes Wasser in die Schüssel geben und unterrühren. Die Schüssel wieder verschließen und während der Reifephase einmal Luft einschlagen.

Tag 3: Alle Vorgänge von Tag 2 wiederholen.

Tag 4: Alle Vorgänge von Tag 2 wiederholen. An Tag 4 sollte der Sauerteigansatz nach der Reifephase deutlich an Volumen zugenommen und Bläschen gebildet haben. Er ist nun einsatzbereit. Ist dies nicht der Fall, den Sauerteigansatz erneut mit Mehl und Wasser „füttern" und an einem warmen Ort einige Stunden reifen lassen.

Tag 5: 150 g Sauerteigansatz entnehmen und in einem sterilisierten, gut verschlossenen Schraubglas im Kühlschrank aufbewahren. Den restlichen Ansatz entsorgen oder einen Teil davon direkt zur Sauerteigherstellung verwenden (s. rechts). Einen Teil des Sauerteigansatzes anfangs alle 3 Tage, nach 1–2 Wochen alle 6–8 Tage einmal mit Mehl und Wasser auffrischen (s. rechts).

Sollte der Sauerteigansatz während der Herstellungsphase unangenehm riechen, eine untypische Farbe annehmen oder Schimmel bilden, den Ansatz entsorgen und die Herstellung erneut beginnen. Eine stärkere Essignote zu Beginn ist normal, nach 3–4 Tagen sollte der Sauerteigansatz aber angenehm aromatisch-sauerlich riechen und eine gräulich-belge Farbe haben.

Sauerteigansatz auffrischen:

Nach den ersten 3 Tagen 75 g Mehl mit 75 ml Wasser und 15 g Sauerteigansatz aus dem Kühlschrank in einem neuen sauberen Schraubglas vermischen. Den restlichen „alten" Sauerteigansatz entsorgen. Den neuen Sauerteigansatz 10–12 Std. abgedeckt bei Zimmertemperatur reifen lassen. Dann wieder in den Kühlschrank stellen und nach 3 Tagen die Auffrischungskur wiederholen. Nach 1–2 Wochen kann die Auffrischung auch erst nach ca. 7 Tagen und mit ca. 10 g Ansatz erfolgen.

Sauerteig herstellen:

Je nach Rezept eine kleine Menge vom fertigen Sauerteigansatz aus dem Kühlschrank entnehmen (ca. 10 % bezogen auf die Menge des Mehls) und mit Mehl und Wasser (meist zu gleichen Teilen) verrühren. Den Sauerteig abdecken und ca. 12 Std. bei Zimmertemperatur reifen lassen. Ist der Sauerteigansatz erst ein paar Tage oder Wochen alt, entwickelt er noch nicht so viel Triebkraft, sodass einem Brotteig auch eine kleine Menge Hefe beigemischt werden sollte, damit er schön aufgeht. So ist es auch in den Sauerteigrezepten im Buch angegeben, die davon ausgehen, dass der Ansatz eigens hierfür hergestellt wurde. Wer schon „älteren" Sauerteigansatz im Kühlschrank hat, kann die Hefemenge verringern oder komplett auf Hefezusatz verzichten.

WELCHES ZUBEHÖR BENÖTIGT MAN ZUM BROTBACKEN?

Brotbacken beruht auf uralten Traditionen. Das Kneten erfolgte früher ausschließlich von Hand. Heute erleichtern einige moderne Küchenhelfer die Brotherstellung:

- Backofen mit Ober-/Unterhitze
- Schüsseln (z. B. aus Edelstahl)
- ofenfeste Schale
- Küchenmaschine (optional)
- Digitalwaage
- Gärkörbchen (oval, ca. 25 cm Länge, und rund, Ø ca. 21 cm) mit oder ohne Leineneinsatz (ersatzweise bemehlte Schüsseln)
- Kastenform (ca. 25 cm Länge)
- Teigkarte zum Falten und Abstechen
- scharfes Messer oder Rasierklinge zum Einschneiden
- wiederverwendbare Abdeckhauben (ersatzweise Frischhaltefolie)
- Nudelholz
- Backpapier
- Gitter zum Abkühlen

DEN TEIG KNETEN: AUF DAUER UND INTENSITÄT KOMMT ES AN

Der erste Schritt zur Brotherstellung ist das Mischen der Zutaten. Mehl, Salz, Wasser und Triebmittel werden dazu meist erst auf niedriger, dann auf der nächsthöheren Stufe verknetet. Je nach Rezept variieren Dauer und Intensität. Auch hier gilt, sich möglichst genau an die Angaben zu halten, denn ein zu kurz oder zu lang gekneteter Teig ist weniger gut formbar und entwickelt keine optimale Teigstruktur.

Allgemein empfiehlt es sich, für die Herstellung von Brotteigen eine leistungsstarke Küchenmaschine zu verwenden. Wer keine besitzt, knetet von Hand – so bekommt man ein gutes Gespür für seinen Teig. Der Knetvorgang dauert bei echter Handarbeit etwas länger. Handrührgeräte mit Knethaken sind für die Verarbeitung von Brotteigen nicht geeignet.

EIN GUTES BROT BRAUCHT VIEL RUHE

Nach dem Kneten muss der Teig ruhen, damit Hefe oder Sauerteig ihre Arbeit aufnehmen können und das Brot später aufgeht. Dazu wird der Teig luftdicht abgeschlossen. Am nachhaltigsten ist es, Schüsseln mit Deckeln oder Abdeckhauben zu verwenden und auf Frischhaltefolie zu verzichten. Küchentücher sind luftdurchlässig und lassen den Teig schnell austrocknen.

Die Gare von Brotteigen unterteilt sich zumeist in zwei Gehphasen. Während der ersten Phase ruht der geknetete Teig, während der zweiten Phase der geformte Laib oder die geformten Teiglinge. Die Dauer der Gare

hängt von der Raumtemperatur und Menge des Triebmittels ab. So ist ein Teig an einem heißen Sommertag schneller gar als im Winter. Die Teige in den Rezepten im Buch ruhen bei 20–22 °C oder im Kühlschrank. Die angegebene Dauer sollte aber unbedingt an die vorherrschenden Temperaturen angepasst werden, die Zeiten in den Rezepten sind also als Richtlinien zu verstehen. Einen garen Teig erkennt man daran, dass er sein Volumen etwa verdoppelt hat und er nach dem Eindrücken mit dem Daumen nicht vollständig und nur langsam in seinen ursprünglichen Zustand zurückkehrt.

ZIEHEN UND FALTEN SORGT FÜR STABILITÄT

Die erste Gehphase wird häufig durch das Ziehen und Falten des Teigs unterbrochen. Dadurch wird das Teiggerüst stabiler und die Poren vergrößern sich. Je nach Beschaffenheit kann der Teig auf der nur leicht bemehlten Arbeitsfläche (für festere Teige) oder mithilfe der Teigkarte oder mit angefeuchteten Händen direkt in der Schüssel (für weichere und klebrigere Teige) bearbeitet werden. Der Teig wird dabei nacheinander an allen Seiten angehoben und langgezogen und anschließend wieder zusammengefaltet. Die Dehnung sollte jedoch nicht zu stark sein, damit der Teig nicht reißt. Beim Ziehen und Falten auf der Arbeitsfläche sollte möglichst kein Mehl in den Teig eingearbeitet werden.

DEN TEIG IN FORM BRINGEN

Nach der ersten Gehphase wird das Brot geformt. Für ein rundes Brot wird der Teig rund gewirkt. Dazu gibt man ihn auf die leicht bemehlte Arbeitsfläche, legt einen Handballen obenauf, drückt den Teig leicht nach unten von sich weg und zieht ihn wieder zu sich heran. Das Ganze läuft in einer Kreisbewegung ab, sodass am Ende der gesamte Teig gedehnt, gestrafft und zu einer Kugel geformt wurde.

Für ein ovales Brot wird der Teig lang gewirkt. Dazu legt man den bereits rund geformten Laib mit der glatten Seite nach unten auf die leicht bemehlte Arbeitsfläche. Dann klappt man eine Hälfte über die andere und schiebt den Teig mit leichtem Druck auf der Nahtstelle hin und her, bis diese verschlossen ist. Wichtig ist, beim Formen möglichst schonend vorzugehen, damit so wenig Gärbläschen wie möglich ausgedrückt werden. Der geformte Laib wird anschließend gut abgedeckt in die zweite Gehphase geschickt.

AUSSEN KNUSPRIG, INNEN WEICH: BROTE RICHTIG BACKEN

Die Rezepte im Buch werden im herkömmlichen Haushaltsofen bei Ober- und Unterhitze gebacken. Die Temperaturangaben sind Richtwerte, da jeder Ofen anders ist. Mit einem Ofenthermometer lässt sich die Temperatur überprüfen. Ein gut gebackenes Brot hat eine knusprige Kruste mit vielen Röstaromen und eine weiche, elastische Krume. Dieses Ergebnis erreicht man durch das Backen mit Dampf und einer hohen Starttemperatur. Wer keinen Ofen mit Dampffunktion besitzt, kann kurz vor dem Einschieben des Brotes eine ofenfeste Schale mit kochend heißem Wasser auf den Ofenboden stellen. Der aufsteigende Dampf sorgt für einen guten Trieb und eine knusprige, glänzende Kruste. Nach 10 Min. sollte das Wasser entfernt werden. Oft wird dann auch die Ofentemperatur reduziert.

Je nach Rezept und Garzustand des Teiges wird das Brot vor dem Backen eingeschnitten, damit die Oberfläche beim Aufgehen im Ofen kontrolliert aufreißt. Zum Einschneiden sollte man ein scharfes, dünnes Messer oder eine Rasierklinge verwenden und immer zügig vorgehen, damit der Teig in Form bleibt und nicht auseinanderläuft. Wer ein rustikales, ursprüngliches Brot backen möchte, kann den Laib oder die Brötchen auch ohne Einschneiden mit dem Schluss nach oben backen.

Ein fertig gebackenes Brot klingt hohl, wenn man auf die Unterseite klopft. Zum Auskühlen setzt man das Brot auf ein Gitter, damit von allen Seiten Luft herankommt. Ein heißes Brot nach dem Backen niemals abdecken, da die Kruste durch das entstehende Kondenswasser aufweichen würde. Ausgekühltes Brot bleibt im Brotkasten aus Holz lange frisch. Angeschnittenes Brot am besten auf die Schnittfläche stellen, so trocknet diese nicht so schnell aus.

Gut Brot will Weile haben – aber die Wartezeit lohnt sich. Viel Vergnügen beim Brot backen und genießen.

In Deutschland, Österreich und der Schweiz gibt es bei der Typenbezeichnung der verschiedenen Mehle große Unterschiede. Die folgende Tabelle gibt hierzu anhand der im Buch verwendeten Mehle einen kurzen Überblick:

Deutschland	Österreich	Schweiz
Weizenmehl Type 550	W480/griffig	Weißmehl
Weizenmehl Type 1050	W1600	Ruchmehl
Weizenvollkornmehl	W1800	Vollkornmehl
Dinkelmehl Type 630	D700/glatt	Weißmehl
Dinkelvollkornmehl	– (alternativ W1800 verwenden)	Vollkornmehl
Roggenmehl Type 997	R960	– (alternativ 1100 verwenden)
Roggenmehl Type 1150	– (alternativ R960 verwenden)	1100

• UNSER TÄGLICH BROT •

KARTOFFELBROT

SCHWIERIGKEIT: ● ● ◐

ZUBEREITUNG: CA. 1 STD.   GEHZEIT: MIND. 14,5 STD.   BACKZEIT: CA. 50 MIN.

FÜR 1 LAIB

Für den Weizensauerteig

70 g Weizenmehl (Type 1050)

70 ml lauwarmes Wasser

10 g Sauerteigansatz (s. S. 8)

Für den Hauptteig

ca. 180 g vorwiegend festkochende Kartoffeln (mit Schale gewogen)

200 g Weizenmehl (Type 550) plus etwas zum Verarbeiten

150 g Weizenmehl (Type 1050)

70 g Buchweizenmehl

2 TL Salz

7 g Hefe

185 ml lauwarmes Wasser

30 g Crème fraîche

Weizensauerteig (s. o.)

1 Für den Weizensauerteig am Vortag alle Zutaten gut vermengen. Abgedeckt 12–16 Std. reifen lassen.

2 Für den Hauptteig die Kartoffeln in kochendem Wasser garen. Anschließend pellen, durch die Presse drücken und abkühlen lassen. Die Mehle mit dem Salz vermischen. Die Hefe im Wasser auflösen und mit Crème fraîche, 125 g gepressten Kartoffeln und dem Weizensauerteig zum Mehl geben. Alles auf niedriger Stufe 5 Min. und dann weitere 4 Min. auf der zweiten Stufe verkneten, bis ein weicher, klebriger Teig entsteht. Den Teig abdecken und 1 Std. 30 Min. gehen lassen. Währenddessen zweimal ziehen und falten.

3 Den Teig auf der leicht bemehlten Arbeitsfläche zu einem länglichen Laib formen und diesen mit der Naht nach oben in ein ovales bemehltes Gärkörbchen (ca. 25 cm Länge) setzen. Abdecken und 1 Std. gehen lassen.

4 Den Backofen auf 250 °C vorheizen, ein Schälchen mit Wasser auf den Ofenboden stellen. Das Brot vorsichtig auf ein mit Backpapier ausgelegtes Blech stürzen und auf der Oberfläche zügig rautenförmig einschneiden. Lässt man sich hierbei zu viel Zeit, läuft das Brot zu stark auseinander. Dann sofort in den heißen Ofen geben und 10 Min. backen. Das Schälchen mit Wasser entfernen und die Ofentemperatur auf 200 °C reduzieren. Das Brot ca. 40 Min. weiterbacken. Anschließend auf einem Gitter auskühlen lassen.

SCHWARZBROT

SCHWIERIGKEIT: ● ● ●

ZUBEREITUNG: CA. 40 MIN. GEHZEIT: MIND. 17 STD. BACKZEIT: CA. 1 STD.

FÜR 1 LAIB

Für den Sauerteig

je 100 g Roggenschrot und Roggenmehl (Type 1150)

200 ml lauwarmes Wasser

25 g Sauerteigansatz (s. S. 8)

Für die Körnermischung

100 g Sonnenblumenkerne

50 g Roggenschrot

je 25 g Leinsamen und Weizenkleie

1½ TL Salz

200 ml kochendes Wasser

Für den Hauptteig

100 g Weizenmehl (Type 1050)

65 g Roggenmehl (Type 1150)

100 g Roggenschrot

1 TL Salz

4 g Hefe

125 ml lauwarmes Wasser

2 EL Zuckerrübensirup (ca. 30 g)

Sauerteig (s. o.)

Körnermischung (s. o.)

Außerdem

Butter für die Form

Sonnenblumenkerne zum Bestreuen

Kastenform (25 cm Länge)

1 Für den Sauerteig am Vortag alle Zutaten gut vermengen und abgedeckt 14–18 Std. reifen lassen.

2 Für die Körnermischung am Vorabend die trockenen
Zutaten mischen und mit dem kochenden Wasser übergießen. Abgedeckt 9 Std. quellen lassen.

3 Für den Hauptteig beide Mehle mit Roggenschrot
und Salz vermengen. Die Hefe im Wasser auflösen und
mit Zuckerrübensirup und dem Sauerteig zum Mehl
geben. 5 Min. auf niedriger Stufe verkneten. Die Körnermischung zugeben und den Teig weitere 10 Min. kneten.
Abgedeckt 1 Std. gehen lassen.

4 Die Kastenform mit Butter fetten und komplett mit
Sonnenblumenkernen ausstreuen. Den Teig mit befeuch-
teten Händen zu einem länglichen Laib formen und in die
Form setzen. Die Oberseite mit Sonnenblumenkernen
bestreuen. Die Form locker abdecken und den Teig 2 Std.
gehen lassen, bis er ca. 1,5 cm über den Formrand hinaus-
ragt.

5 Den Ofen auf 250 °C vorheizen. Ein Schälchen mit
Wasser auf den Ofenboden stellen. Das Brot 5 Min.
backen, dann die Ofentemperatur auf 175 °C reduzieren.
Nach weiteren 5 Min. das Schälchen mit Wasser entfernen. Das Brot weitere 50 Min. backen. In der Form auskühlen lassen. Vor dem Anschneiden mindestens 3 Std.
ruhen lassen.

KÜRBIS-QUARK-BROT

SCHWIERIGKEIT: ● ◐ ○

ZUBEREITUNG: CA. 40 MIN.   GEHZEIT: 2 STD.   BACKZEIT: 35–40 MIN.

FÜR 1 LÄNGLICHEN LAIB

150 g Hokkaidokürbis (ohne Kerne gewogen)

1 EL Olivenöl

1 Prise Zimt

100 g Magerquark

10 g Hefe

100 ml lauwarmes Wasser

150 g Weizenmehl (Type 550) plus etwas zum Verarbeiten

150 g Weizenvollkornmehl

50 g Maismehl

1½ TL Salz

1½ TL Honig

1 Den Backofen auf 200 °C vorheizen. Kürbis waschen und in 2 cm große Stücke schneiden. Mit dem Öl vermengen, mit Zimt bestäuben und auf einem mit Backpapier ausgelegten Blech verteilen. Die Kürbisstücke im Backofen ca. 25 Min. weich garen. Anschließend kurz abkühlen lassen und mit dem Quark fein pürieren.

2 Die Hefe im Wasser auflösen. Die Mehle mit dem Salz vermengen. Hefewasser, Kürbis-Quark-Püree und Honig zum Mehl geben und alles ca. 6 Min. auf niedriger Stufe zu einem geschmeidigen Teig verkneten. Abdecken und ca. 1 Std. 30 Min. an einem warmen Ort gehen lassen. Nach 45 Min. den Teig einmal ziehen und falten.

3 Den Teig auf der leicht bemehlten Arbeitsfläche zu einem länglichen Laib formen, auf ein mit Backpapier ausgelegtes Blech setzen, mit etwas Mehl bestäuben, abdecken und 30 Min. gehen lassen.

4 Den Backofen auf 225 °C vorheizen. Ein Schälchen mit Wasser auf den Ofenboden stellen. Das Brot dreimal diagonal einschneiden und 10–15 Min. backen. Dann die Temperatur auf 210 °C reduzieren und das Schälchen mit Wasser entfernen. Das Brot weitere 25 Min. backen. Auf einem Gitter auskühlen lassen.

NUSSBROT

SCHWIERIGKEIT: ● ○ ○
ZUBEREITUNG: CA. 20 MIN.   GEHZEIT: 1,5 STD.   BACKZEIT: CA. 30 MIN.

FÜR 1 LAIB

50 g Walnusskerne

30 g Haselnusskerne

150 g Weizenmehl (Type 550)
plus etwas zum Verarbeiten

70 g Dinkelmehl (Type 630)

50 g gemahlene Haselnusskerne

½ TL Salz

½ TL getrockneter Thymian

8 g Hefe

180 ml lauwarmes Wasser

1 TL Honig

1 Walnüsse und Haselnüsse klein hacken. Weizen-, Dinkelmehl und gemahlene Haselnüsse mit Salz und Thymian vermengen. Die Hefe im Wasser auflösen. Das Hefewasser mit dem Honig zum Mehl geben und alles ca. 6 Min. auf niedriger Stufe zu einem geschmeidigen Teig verkneten. Dann die Nüsse zufügen und unterkneten. Den Teig abdecken und ca. 1 Std. gehen lassen, nach 30 Min. einmal ziehen und falten.

2 Den Teig auf der leicht bemehlten Arbeitsfläche länglich formen. Den Brotlaib auf ein mit Backpapier ausgelegtes Blech setzen, abdecken und nochmals 30 Min. gehen lassen.

3 Inzwischen den Backofen auf 225 °C vorheizen und ein Schälchen mit Wasser auf den Ofenboden stellen. Die Oberfläche des Brotes längs einschneiden. Das Nussbrot 10 Min. backen. Dann die Temperatur auf 210 °C reduzieren und das Schälchen mit Wasser entfernen. Das Brot ca. 20 Min. weiterbacken. Anschließend auf einem Gitter auskühlen lassen.

HELLES WEIZEN-SAUERTEIGBROT

SCHWIERIGKEIT: ● ● ●

ZUBEREITUNG: CA. 40 MIN.   GEHZEIT: MIND. 15,5 STD.   BACKZEIT: CA. 45 MIN.

FÜR 1 LAIB

Für den Weizensauerteig

40 g Weizenvollkornmehl

40 ml lauwarmes Wasser

4 g Sauerteigansatz (s. S. 8)

Für den Vorteig

85 g Weizenvollkornmehl

85 ml lauwarmes Wasser

0,5 g Hefe

Für den Hauptteig

320 g Weizenmehl (Type 550)
plus etwas zum Verarbeiten

1½ TL Salz

4 g Hefe

200 ml lauwarmes Wasser

Weizensauerteig (s. o.)

Vorteig (s. o.)

1 EL Rapsöl

Außerdem

rundes Gärkörbchen (Ø ca. 21 cm)

1   Für Weizensauerteig und Vorteig am Vortag jeweils alle Zutaten in 2 separaten Schüsseln verrühren, abdecken und 12–14 Std. reifen lassen.

2   Für den Hauptteig Mehl und Salz vermengen. Hefe im Wasser auflösen und mit Sauerteig und Vorteig zum Mehl geben. Alles auf niedriger Stufe 8 Min. verkneten. Öl zugeben und den Teig weitere 5 Min. auf der zweiten Stufe kneten. Den Teig abdecken und 2 Std. 30 Min. gehen lassen. Währenddessen zweimal ziehen und falten.

3   Den Teig auf der leicht bemehlten Arbeitsfläche vorsichtig rund wirken, dabei möglichst wenig Druck ausüben. Den Laib mit dem Strudel nach oben in das bemehlte Gärkörbchen setzen, abdecken und 1 Std. gehen lassen. Gegen Ende der Gehzeit den Backofen auf 250 °C vorheizen und ein Blech mit Backpapier auslegen. Ein Schälchen mit Wasser auf den Ofenboden stellen.

4   Den Teig mit dem Strudel nach unten auf das Blech stürzen und zügig kreuzförmig auf der Oberfläche einschneiden. Lässt man sich hierbei zu viel Zeit, läuft das Brot zu stark auseinander. Das Blech sofort in den heißen Ofen schieben und das Brot 10 Min. backen. Das Schälchen mit Wasser entfernen und die Temperatur auf 220 °C reduzieren. Das Brot ca. 35 Min. weiterbacken. Vor dem Anschneiden auf einem Gitter auskühlen lassen.

WÜRZIGES ROGGENBROT

SCHWIERIGKEIT: ● ● ○

ZUBEREITUNG: CA. 40 MIN.   GEHZEIT: MIND. 15 STD.   BACKZEIT: CA. 50 MIN.

FÜR 1 LAIB

Für den Sauerteig

125 g Roggenmehl (Type 1150)

125 ml lauwarmes Wasser

15 g Sauerteigansatz (s. S. 8)

Für den Hauptteig

400 g Roggenmehl (Type 1150)
plus etwas zum Verarbeiten

1½ TL Salz

¼ TL gemahlene Fenchelsamen

¼ TL gemahlener Kümmel

¼ TL gemahlener Koriander

3 g Hefe

220 ml lauwarmes Wasser

Sauerteig (s. o.)

Außerdem

je 1½ TL Fenchelsamen und
Kümmel zum Bestreuen

rundes Gärkörbchen (∅ ca. 21 cm)

1 Für den Sauerteig am Vortag Mehl mit Wasser und Sauerteigansatz verrühren. Abdecken und 12–16 Std. reifen lassen.

2 Für den Hauptteig das Mehl mit dem Salz und den Gewürzen mischen. Die Hefe im Wasser auflösen und mit dem Sauerteig zum Mehl geben. Alles ca. 8 Min. zunächst auf niedriger, dann auf der zweiten Stufe zu einem klebrigen Teig verkneten. Den Teig abdecken und 1 Std. gehen lassen.

3 Den Teig auf die leicht bemehlte Arbeitsfläche geben, mit etwas Mehl bestäuben und rund wirken. Mit den Samen bestreuen und mit dem Strudel nach oben in das bemehlte Gärkörbchen geben. Abdecken und 2 Std. gehen lassen.

4 Den Backofen auf 250 °C vorheizen, ein Blech mit Backpapier auslegen und ein Schälchen mit Wasser auf den Ofenboden stellen. Das Brot mit dem Strudel nach unten auf das Blech stürzen, alle 5 cm seitlich diagonal von unten nach oben einschneiden und 10 Min. backen. Dann das Schälchen mit Wasser entfernen und die Ofentemperatur auf 220 °C reduzieren. Das Brot weitere ca. 40 Min. backen. Vor dem Anschneiden auf einem Gitter auskühlen lassen.

BAUERNBROT

SCHWIERIGKEIT: ● ● ◐

ZUBEREITUNG: CA. 45 MIN.   GEHZEIT: MIND. 15 STD.   BACKZEIT: 45–50 MIN.

FÜR 1 RUNDEN LAIB

Für den Sauerteig

125 g Roggenmehl (Type 1150)

125 g lauwarmes Wasser

12 g Sauerteigansatz (s. S. 8)

Für den Hauptteig

200 g Roggenmehl (Type 1150)
plus etwas zum Verarbeiten

175 g Weizenmehl (Type 1050)

1½ TL Salz

3 g Hefe

190 ml lauwarmes Wasser

1½ TL Honig

Sauerteig (s. o.)

Außerdem

rundes Gärkörbchen (Ø ca. 21 cm)

1 Für den Sauerteig am Vortag Mehl, Wasser und Sauerteigansatz verrühren. Den Sauerteig abgedeckt 12–18 Std. reifen lassen.

2 Für den Hauptteig am nächsten Tag beide Mehle mit dem Salz vermengen. Die Hefe zerbröseln und im Wasser auflösen. Hefewasser mit Honig und Sauerteig zum Mehl geben und alles zunächst auf niedriger Stufe 5 Min. verkneten. Dann auf der zweiten Stufe 3 Min. zu einem leicht klebrigen Teig verarbeiten. Die Schüssel abdecken und den Teig 2 Std. gehen lassen. Nach 1 Std. auf der leicht bemehlten Arbeitsfläche einmal kurz und kräftig mit den Händen durchkneten.

3 Den Teig auf der bemehlten Arbeitsfläche rund wirken und mit dem Strudel nach unten in das bemehlte Gärkörbchen setzen. Abdecken und erneut 1 Std. gehen lassen. Gegen Ende der Gehzeit den Backofen auf 240 °C vorheizen und ein Blech mit Backpapier auslegen. Ein Schälchen mit Wasser auf den Ofenboden stellen.

4 Das Brot mit dem Strudel nach oben auf das Blech setzen und 10 Min. backen. Dann das Schälchen mit Wasser entfernen und die Temperatur auf 215 °C reduzieren. Das Brot weitere 35–40 Min. backen. Vor dem Anschneiden auf einem Gitter auskühlen lassen.

MÜSLIBROT

SCHWIERIGKEIT: ● ● ◐

ZUBEREITUNG: CA. 50 MIN.   GEHZEIT: MIND. 15 STD.   BACKZEIT: CA. 40 MIN.

FÜR 1 LAIB

Für den Weizensauerteig

120 g Weizenmehl (Type 550)

110 ml lauwarmes Wasser

15 g Sauerteigansatz (s. S. 8)

Für die Müslimischung

30 g Haferflocken

30 g gehackte Mandeln

20 g Sonnenblumenkerne

20 g Leinsamen

150 ml Milch

Für den Hauptteig

150 g Weizenvollkornmehl

150 g Weizenmehl (Type 550)
plus etwas zum Verarbeiten

2 TL Salz

4 g Hefe

110 ml lauwarmes Wasser

Weizensauerteig (s.o.)

1 TL Honig

Müslimischung (s. o.)

Außerdem

ovales Gärkörbchen
(ca. 25 cm Länge)

1   Am Vortag für den Weizensauerteig alle Zutaten vermengen, abdecken und 12–16 Std. reifen lassen. Am Vorabend für die Müslimischung alle Zutaten bis auf die Milch vermengen und in einer Pfanne ohne Fett rösten. Dann in eine Schale geben, mit der Milch übergießen und ca. 9 Std. abgedeckt im Kühlschrank quellen lassen.

2   Für den Hauptteig beide Mehle mit dem Salz mischen. Die Hefe im Wasser auflösen und mit Weizensauerteig und Honig zum Mehl geben. 5 Min. auf niedriger Stufe verkneten. Dann die Müslimischung zugeben und langsam 2 Min. unterkneten, bis ein feuchter, klebriger Teig entsteht. Den Teig abdecken und 2 Std. gehen lassen. Währenddessen dreimal ziehen und falten.

3   Den Teig auf die bemehlte Arbeitsfläche geben und ohne viel Druck auszuüben zu einem länglichen Laib formen. Mit der Nahtseite nach oben in das bemehlte Gärkörbchen legen und abgedeckt 1 Std. gehen lassen.

4   Den Backofen auf 250 °C vorheizen, ein Blech mit Backpapier auslegen und ein Schälchen mit Wasser auf den Ofenboden stellen. Das Brot mit dem Schluss nach unten aufs Blech setzen, überschüssiges Mehl von der Oberseite entfernen und diese zügig dreimal längs einschneiden. Das Brot ca. 40 Min. backen. Nach 10 Min. das Schälchen mit Wasser entfernen und die Temperatur auf 230 °C reduzieren. Vor dem Anschneiden auf einem Gitter auskühlen lassen.

HEFEZOPF

SCHWIERIGKEIT: ● ● ○
ZUBEREITUNG: CA. 35 MIN.   GEHZEIT: 3,5 STD.   BACKZEIT: CA. 35 MIN.

FÜR 1 HEFEZOPF

300 g Weizenmehl (Type 550)

150 g Dinkelmehl (Type 630)

2 EL Zucker

1 TL Salz

14 g Hefe

155 ml lauwarme Milch

2 Eigelb

1 Ei (Größe M)

40 g weiche Butter

Außerdem

1 Ei (Größe M)

1 EL Milch

½ TL Zucker

1 Prise Salz

1 Beide Mehle, Zucker und Salz vermengen. Die Hefe in der Milch auflösen und die Mischung mit Eigelben, Ei und Butter zum Mehl geben. Ca. 8 Min. auf niedriger Stufe zu einem elastischen Teig verkneten. Den Teig abdecken und 2 Std. bei Zimmertemperatur gehen lassen.

2 Den Teig in 3 gleich schwere Portionen teilen (à ca. 250 g). Diese zu Kugeln und dann zu ca. 40 cm langen Strängen formen. Die Stränge auf einem mit Backpapier ausgelegten Blech an einem Ende zusammendrücken und zu einem Zopf flechten (nicht zu eng, sonst reißt er beim Backen). Das Ende des Zopfes unterschlagen und andrücken.

3 Ei mit Milch, Zucker und Salz verrühren und den Zopf damit bepinseln. Abdecken und 1 Std. 30 Min. gehen lassen. Den Backofen gegen Ende der Gehzeit auf 180 °C vorheizen.

4 Den Zopf mit der restlichen Eimischung einpinseln, dann ca. 35 Min. backen. Ggf. im letzten Backdrittel mit Alufolie abdecken, damit er nicht zu dunkel wird. Anschließend auf einem Gitter auskühlen lassen.

• BROT AUS ALLER WELT •

VOLLKORN-BAGUETTE

SCHWIERIGKEIT: ● ● ◐

ZUBEREITUNG: CA. 50 MIN.   GEHZEIT: MIND. 27,5 STD.   BACKZEIT: 20–22 MIN.

FÜR 2 BAGUETTES

Für den Vorteig

1 g Hefe

160 ml lauwarmes Wasser

175 g Weizenvollkornmehl

Für den Hauptteig

125 g Weizenmehl (Type 550)
plus etwas zum Verarbeiten

50 g Weizenvollkornmehl

1½ TL Salz

6 g Hefe

100 ml lauwarmes Wasser

Vorteig (s. o.)

1 Am Vortag für den Vorteig die Hefe im Wasser auflösen und die Mischung kurz mit dem Mehl verkneten. Abdecken und zunächst 1 Std. bei Zimmertemperatur, dann mind. 24 Std. im Kühlschrank gehen lassen.

2 Für den Hauptteig beide Mehle mit dem Salz vermengen. Die Hefe im Wasser auflösen und mit dem Vorteig zum Mehl geben. 5 Min. auf niedriger Stufe, dann 3 Min. auf der zweiten Stufe verkneten. Den Teig abdecken und 2 Std. gehen lassen. Währenddessen viermal ziehen und falten.

3 Den Teig auf der leicht bemehlten Arbeitsfläche mit der Teigkarte in 2 gleich große Portionen teilen. Beide Portionen vorsichtig länglich formen (ca. 18 cm), dabei keinen großen Druck ausüben und möglichst kein Mehl einarbeiten. Abdecken und 15 Min. gehen lassen. Dann beide Teigstücke leicht flach drücken, eine Längsseite zur Mitte hin falten und vorsichtig festdrücken. Die gefaltete Seite längs aufrollen und zu den Enden leicht spitz werden lassen (ca. 28 cm Länge), sodass die typische Baguetteform entsteht. Beide Baguettes mit der Nahtseite nach unten auf ein mit Backpapier ausgelegtes Blech legen, mit Mehl bestäuben, abdecken und erneut ca. 15 Min. gehen lassen.

4 Den Backofen auf 250 °C vorheizen. Ein Schälchen mit Wasser auf den Ofenboden stellen. Die Baguettes dreimal diagonal leicht einschneiden, dann 20–22 Min. backen. Nach 10 Min. das Schälchen mit Wasser entfernen. Die Baguettes auf einem Gitter abkühlen lassen.

TORTANO
ITALIENISCHES KRANZBROT

SCHWIERIGKEIT: ●●○

ZUBEREITUNG: CA. 1 STD.   GEHZEIT: MIND. 16 STD.   BACKZEIT: 30–34 MIN.

FÜR 1 KRANZ

Für den Vorteig

1 g Hefe

70 ml lauwarmes Wasser

75 g Weizenmehl (Type 550)

Für den Hauptteig

225 g Weizenmehl (Type 550)
plus etwas zum Verarbeiten

100 g Weizenmehl (Type 1050)

1½ TL Salz

7 g Hefe

100 ml lauwarmes Wasser

1½ TL Zucker

40 g Olivenöl

Vorteig (s. o.)

Für die Füllung

40 g Pinienkerne

2 kleine Schalotten

1 kleine gelbe Paprikaschote

1 kleine Zucchini (ca. 200 g)

1 EL Olivenöl

1 EL Balsamico-Essig

Salz, Pfeffer

1 Für den Vorteig am Vorabend die Hefe im Wasser auflösen und mit dem Mehl vermengen. Abdecken und zunächst 1 Std. bei Zimmertemperatur, dann 12 Std. im Kühlschrank gehen lassen.

2 Für den Hauptteig beide Mehle mit dem Salz vermengen. Die Hefe im Wasser auflösen und mit Zucker, Olivenöl und dem Vorteig zum Mehl geben. Ca. 10 Min. auf niedriger Stufe zu einem elastischen, geschmeidigen Teig verkneten. Ggf. noch teelöffelweise Wasser unterkneten, sollte der Teig zu trocken sein. Den Teig abdecken und 2 Std. 30 Min. gehen lassen. Währenddessen dreimal ziehen und falten.

3 Inzwischen für die Füllung die Pinienkerne in einer Pfanne ohne Fett goldbraun rösten. Schalotten schälen und in feine Ringe schneiden. Die Paprika waschen, von Samen und Scheidewänden befreien und in feine Würfel schneiden. Die Zucchini waschen, putzen, längs halbieren und in dünne Scheiben schneiden. Das Öl in einer Pfanne erhitzen. Schalotten, Paprika und Zucchini darin ca. 8 Min. dünsten. Mit Balsamico ablöschen und diesen kurz reduzieren lassen. Mit Salz, Pfeffer, Zucker und Oregano würzen.

4 Ein Backblech mit Backpapier auslegen. Den Teig auf der leicht bemehlten Arbeitsfläche zu einem großen Rechteck (ca. 25 cm x 50 cm) ausrollen. Die untere lange Hälfte mit Pesto bestreichen, dabei ringsum einen ca. 2,5 cm breiten Rand frei lassen. Das Pfannengemüse und die gerösteten Pinienkerne darauf verteilen.

1 Prise Zucker

1 TL getrockneter Oregano

130 g Pesto Rosso (ersatzweise Tomaten-Feta-Pesto s. S. 92)

Außerdem

Olivenöl zum Bepinseln

Die Teigränder mit etwas Wasser bepinseln. Den Teig von der unteren belegten Längsseite her vorsichtig aufrollen. Die Ränder sowie die Nahtstelle gut festdrücken, damit keine Füllung auslaufen kann. Die Rolle mit der Nahtseite nach unten vorsichtig aufs Blech legen und zu einem Kranz formen. Den Kranz abdecken und 30 Min. gehen lassen.

5 Den Backofen auf 250 °C vorheizen. Ein Schälchen mit Wasser auf den Ofenboden stellen. Den Kranz mit wenig Olivenöl bepinseln und 10 Min. backen. Das Schälchen mit Wasser entfernen und die Ofentemperatur auf 200 °C reduzieren. Den Kranz weitere 20–24 Min. backen, bis er goldbraun ist. Vor dem Anschneiden mind. 10 Min. abkühlen lassen.

39

OLIVEN-FLADENBROT

SCHWIERIGKEIT: ● ◐ ○

ZUBEREITUNG: CA. 40 MIN.   GEHZEIT: 3,5 STD.   BACKZEIT: 17–20 MIN.

FÜR 2 KLEINE FLADENBROTE

Für den Vorteig

7 g Hefe

50 ml lauwarmes Wasser

50 g Weizenmehl (Type 550)

1 TL Zucker

Für den Hauptteig

270 g Weizenmehl (Type 550)
plus etwas zum Verarbeiten

1 TL Salz

100 ml lauwarmes Wasser

50 ml lauwarme Milch

20 g Olivenöl

Vorteig (s. o.)

40 g schwarze Oliven (entsteint),
in feine Ringe geschnitten

Außerdem

1 Eigelb

1½ EL Olivenöl

Sesamsamen zum Bestreuen

1 Für den Vorteig die Hefe im Wasser auflösen und die Mischung mit Mehl und Zucker vermengen. Abgedeckt 30 Min. gehen lassen.

2 Für den Hauptteig Mehl mit Salz, Wasser, Milch, Öl und Vorteig ca. 6 Min. zunächst auf niedriger, dann auf der zweiten Stufe zu einem geschmeidigen Teig verkneten. Die Olivenringe zugeben und ca. 1 Min. auf niedriger Stufe unterkneten. Den Teig abdecken und 2 Std. 30 Min. gehen lassen. Währenddessen zweimal ziehen und falten.

3 Den Teig in 2 gleich schwere Portionen teilen (à ca. 280 g). Jede Teigportion vorsichtig rund formen und zu einem 1,5 cm dicken Fladen (Ø ca. 18 cm) flach drücken. Dabei nicht zu viel Druck ausüben. Ein Backblech mit Backpapier auslegen. Die Fladenbrote darauf legen, mit etwas Mehl bestäuben, abdecken und 30 Min. gehen lassen.

4 Den Backofen auf 250 °C vorheizen. Ein Schälchen mit Wasser auf den Ofenboden stellen. Das Eigelb mit Olivenöl und 1 TL Wasser verquirlen. Die Fladenbrote auf der Oberfläche gitterförmig einschneiden, mit der Eimischung bestreichen und mit Sesamsamen bestreuen. Die Brote 10 Min. backen, dann das Schälchen mit Wasser entfernen und die Fladenbrote weitere 7–10 Min. backen. Auf einem Gitter abkühlen lassen.

FOCACCIA MIT AUBERGINE

SCHWIERIGKEIT: ● ● ○

ZUBEREITUNG: 40 MIN.   GEHZEIT: CA. 15,5 STD.   BACKZEIT: 26–28 MIN.

FÜR 1 BACKFORM

Für den Vorteig

1 g Hefe

120 ml lauwarmes Wasser

¼ TL Zucker

125 g Weizenmehl (Type 1050)

Für den Hauptteig

200 g Weizenmehl (Type 550)

80 g Weizenmehl (Type 1050)
plus etwas zum Verarbeiten

1 gehäufter TL Salz

3 g Hefe

180 ml lauwarmes Wasser

Vorteig (s. o.)

Für den Belag

1 kleine rote Zwiebel

3 EL Olivenöl

2 TL brauner Zucker

2 TL Balsamico-Essig

½ kleine Aubergine

40 g Cashewkerne

1 kleiner Zweig Rosmarin

Salz, Pfeffer

30 g Parmesan, gehobelt

Außerdem

Backform (24 x 24 cm)

1 Für den Vorteig am Vortag die Hefe im Wasser auflösen. Mit Zucker und Mehl vermengen. Abgedeckt 1 Std. bei Zimmertemperatur, dann 12 Std. im Kühlschrank gehen lassen.

2 Für den Hauptteig beide Mehle mit Salz vermengen. Die Hefe im Wasser auflösen und mit dem Vorteig zum Mehl geben. 5 Min. auf niedriger Stufe, dann 5 Min. auf der zweiten Stufe verkneten. Den Teig mit etwas Öl einpinseln und abgedeckt 2 Std. gehen lassen. Währenddessen dreimal ziehen und falten.

3 Für den Belag die Zwiebel schälen, in Ringe schneiden und 5 Min. in einer Pfanne mit 1 EL heißem Öl rösten. Mit Zucker kurz karamellisieren lassen und mit Balsamico ablöschen. Die Aubergine waschen, putzen, längs vierteln und in dünne Scheiben schneiden. Cashewkerne hacken. Rosmarin abbrausen, trocken schütteln und die Nadeln fein hacken.

4 Die Backform mit Backpapier auslegen. Den Teig hineingeben und vorsichtig auseinanderziehen, sodass er die Form fast ausfüllt. Abgedeckt 15 Min. gehen lassen. Erneut auseinanderdrücken und mit 2 EL Öl beträufeln. Aubergine, Cashews, Zwiebel und Rosmarin darauf verteilen und leicht andrücken. Salzen und pfeffern. Den Teig 15 Min. gehen lassen. Den Backofen auf 240 °C vorheizen. Die Focaccia 10 Min. backen, dann die Temperatur auf 220 °C reduzieren. Nach 18 Min. Backzeit mit Parmesan bestreuen, danach weitere 8–10 Min. backen. Mindestens 5 Min. abkühlen lassen, dann aus der Form lösen.

NAAN

SCHWIERIGKEIT: ● ● ○

ZUBEREITUNG: CA. 50 MIN.   GEHZEIT: CA. 14 STD.

BACKZEIT: CA. 4 MIN. PRO FLADEN (INSGESAMT CA. 40 MIN.)

FÜR 10 FLADEN

Für den Weizensauerteig

40 g Weizenmehl (Type 550)

35 ml lauwarmes Wasser

5 g Sauerteigansatz (s. S. 8)

Für den Hauptteig

250 g Weizenmehl (Type 550)
plus etwas zum Verarbeiten

100 g Weizenvollkornmehl

1 gehäufter TL Salz

4 g Hefe

180 ml lauwarme Milch

1½ TL Zucker

50 g Naturjoghurt

1 EL Olivenöl

Weizensauerteig (s. o.)

1 Für den Weizensauerteig am Vorabend alle Zutaten vermengen und abgedeckt 12 Std. reifen lassen.

2 Für den Hauptteig beide Mehle mit dem Salz vermengen. Die Hefe in der Milch auflösen und mit Zucker, Joghurt, Olivenöl und Weizensauerteig zum Mehl geben. Alles auf langsamer Stufe 10 Min. zu einem geschmeidigen Teig verkneten. Den Teig abdecken und 1 Std. 30 Min. gehen lassen.

3 Den Teig auf der leicht bemehlten Arbeitsfläche in 10 Portionen (à 65–70 g) teilen. Jede Teigportion rund wirken und leicht flach drücken. Die Teiglinge abdecken und 30 Min. gehen lassen.

4 Auf der leicht bemehlten Arbeitsfläche einen Teigling mit einem kleinen Teigroller zu einem hauchdünnen Fladen (Ø ca. 25 cm) rollen. Darauf achten, dass er nicht reißt. Beim Ausrollen leicht bemehlen und mind. einmal wenden.

5 Eine Pfanne ohne Fett auf mittlere bis hohe Temperatur erhitzen und den Fladen pro Seite ca. 2 Min. unter einmaligem Wenden backen. Zwischendurch die Temperatur ggf. reduzieren. Einen weiteren Fladen ausrollen und backen und so fortfahren, bis alle Teiglinge ausgebacken sind. Die Brote auskühlen lassen und in einem verschlossenen großen Gefrierbeutel aufbewahren, so trocknen sie nicht so schnell aus.

DÄNISCHES KNÄCKEBROT

SCHWIERIGKEIT: ● ○ ○
ZUBEREITUNG: CA. 45 MIN.   BACKZEIT: CA. 11 MIN.

FÜR 20–25 KNÄCKEBROTE

100 g Dinkelmehl (Type 630)

75 g Roggenmehl (Type 1150)

50 g Weizenmehl (Type 550)
plus etwas zum Verarbeiten

½ TL Salz

40 g kalte Butter

50 ml Milch

50 g Naturjoghurt

1 TL Zuckerrübensirup

8 EL gemischte Samen und Kerne
nach Belieben zum Bestreuen
(z. B. Sesamsamen, Leinsamen,
Sonnenblumenkerne)

1 Die Mehle mit dem Salz vermengen. Die Butter in kleine Stückchen schneiden und mit der Mehlmischung krümelig reiben. Milch, Joghurt und Sirup zugeben und alles mind. 5 Min. zu einem glatten Teig verkneten. Ist er zu trocken, etwas kaltes Wasser untermengen.

2 Den Backofen auf 225 °C vorheizen. 2 Backbleche mit Backpapier auslegen. Den Teig in 2 Portionen auf der leicht bemehlten Arbeitsfläche so dünn wie möglich ausrollen. Mit einem Pizzaschneider oder einem scharfen Messer in Rechtecke (ca. 6 cm x 15 cm) schneiden. Diese auf die Bleche legen. Teigreste wieder verkneten und erneut ausrollen, bis der komplette Teig verarbeitet ist.

3 Die Teigrechtecke mehrfach mit einer Gabel einstechen, mit wenig Wasser bepinseln und mit Samen und Kernen bestreuen. Samen und Kerne vorsichtig mit einem kleinen Teigroller in die Knäckebrote einarbeiten, damit sie gut auf den Knäckebroten haften. Die Bleche nacheinander in den heißen Ofen schieben und die Knäckebrote ca. 11 Min. backen. Auf einem Gitter auskühlen lassen.

CHILI CORNBREAD

SCHWIERIGKEIT: ● ○ ○

ZUBEREITUNG: CA. 25 MIN.   GEHZEIT: 2,5 STD.   BACKZEIT: 40–45 MIN.

FÜR 1 KASTENBROT

2 milde rote Chilischoten (ersatzweise 1 kleine Paprikaschote)

150 g Mais (Dose)

200 g Weizenmehl (Type 550)
plus etwas zum Verarbeiten

100 g Dinkelmehl (Type 630)

200 g Maismehl

1½ TL Salz

1 TL Zucker

14 g Hefe

300 ml lauwarmes Wasser

3 EL Olivenöl

75 g geriebener Cheddar

Außerdem

Butter und Mehl für die Form
Kastenform (25 cm Länge)

1 Die Chilischoten waschen, längs halbieren, von den Samen befreien in feine Halbringe schneiden. Den Mais gut abtropfen lassen.

2 Die Mehle mit Salz und Zucker vermengen. Die Hefe im Wasser auflösen und mit dem Öl zum Mehl geben. Ca. 7 Min. auf niedriger Stufe zu einem geschmeidigen Teig verkneten. Ggf. teelöffelweise Wasser unterkneten, sollte der Teig zu trocken sein. Chilis, Mais und Cheddar zugeben und ca. 1 Min. auf niedriger Stufe unterkneten. Den Teig abdecken und 2 Std. gehen lassen.

3 Die Kastenform mit Butter fetten und mit Mehl ausstäuben, überschüssiges Mehl herausklopfen. Den Teig einmal ziehen und falten, dann in die Form geben. Den Teig abdecken und 30 Min. gehen lassen.

4 Den Backofen auf 210 °C vorheizen. Das Brot auf der Oberfläche längs einschneiden und mit Wasser bepinseln. 40–45 Min. backen, bis es goldbraun ist. Nach 20 Min. die Ofentemperatur auf 190 °C reduzieren. Das Brot evtl. mit Alufolie abdecken und auf die unterste Schiene setzen, falls die Oberfläche zu stark bräunt. Das Brot in der Form auskühlen lassen. Anschließend vorsichtig stürzen.

SEEDS MONKEY BREAD

SCHWIERIGKEIT: ● ● ○

ZUBEREITUNG: CA. 50 MIN.   GEHZEIT: MIND. 10,5 STD.   BACKZEIT: 30–35 MIN.

FÜR 1 BROTKRANZ

Für den Teig

500 g Weizenmehl (Type 550)

30 g Zucker

1 TL Salz

10 g Hefe

245 ml lauwarme Milch

1 Ei (Größe M)

35 g weiche Butter plus etwas
für die Form

Für das Topping

2 EL Sesamsamen

2 EL Mohnsamen

2 EL Chiasamen

2 EL Sonnenblumenkerne

2 EL gehackte Mandeln

50 g Butter

Außerdem

Kranzform (Ø 26 cm)

1 Am Vorabend das Mehl mit Zucker und Salz vermengen. Die Hefe in der Milch auflösen. Hefemilch, Ei und Butter zum Mehl geben und alles ca. 7 Min. auf niedriger Stufe verkneten. Ist der Teig zu fest und trocken, ggf. teelöffelweise Wasser zugeben. Den Teig abdecken und ca. 1 Std. bei Zimmertemperatur, dann mind. 8 Std. im Kühlschrank gehen lassen.

2 Den Teig am nächsten Morgen aus dem Kühlschrank nehmen und 1 Std. Zimmertemperatur annehmen lassen. Inzwischen die Kranzform mit Butter fetten. Für das Topping die Samen und Kerne nacheinander in einer Pfanne ohne Fett kurz anrösten. Den Teig in 35 Portionen teilen (à 22–25 g) und diese zu kleinen Kugeln rollen. Die Butter zerlassen und die Samen und Kerne auf Schüsseln verteilen. Jeweils 7 Kugeln nacheinander in der zerlassenen Butter und in je einer Schüssel mit Topping wälzen. Dann alle Kugeln abwechselnd in die Form schichten, dabei etwas Platz zwischen den einzelnen Kugeln lassen. Die Form abdecken und die Teigkugeln 30 Min. gehen lassen.

3 Inzwischen den Ofen auf 190 °C vorheizen. Das Monkey Bread 30–35 Min. auf mittlerer Schiene backen. Werden die obersten Teigkugeln zu dunkel, die Form mit Alufolie abdecken. Das Brot anschließend abkühlen lassen und aus der Form lösen.

PISTAZIEN-BABKA
SÜßES FRÜHSTÜCKSBROT

SCHWIERIGKEIT: ■ ■ □

ZUBEREITUNG: CA. 45 MIN.   GEHZEIT: 2,5 STD.   BACKZEIT: 30–35 MIN

FÜR 1 KASTENBROT

Für den Teig

320 g Weizenmehl (Type 550)
plus etwas zum Verarbeiten und
für die Form

45 g Zucker

½ TL Salz

10 g Hefe

70 ml lauwarme Milch

70 g weiche Butter plus etwas
für die Form

2 Eier

Für die Füllung

75 g Pistazienkerne (ungesalzen)

100 g blanchierte Mandeln

125 g Aprikosenkonfitüre

2 EL brauner Zucker

1 TL gemahlener Zimt

Außerdem

Puderzucker zum Bestäuben nach
Belieben

Kastenform (25 cm Länge)

1 Für den Teig Mehl, Zucker und Salz vermengen. Die Hefe in der Milch auflösen. Hefemilch, Butter und Eier zum Mehl geben und alles ca. 10 Min. auf niedriger Stufe zu einem geschmeidigen, glatten Teig verkneten. Ist der Teig zu trocken, teelöffelweise Wasser zugeben. Den Teig abdecken und ca. 1 Std. 30 Min. gehen lassen.

2 Inzwischen für die Füllung Pistazien und Mandeln im Blitzhacker fein zerkleinern. Die Pistazien-Mandel-Mischung mit Aprikosenkonfitüre, Zucker und Zimt verrühren.

3 Die Kastenform mit Butter fetten und mit Mehl ausstäuben. Den Teig auf der leicht bemehlten Arbeitsfläche zu einem ca. 25 cm x 35 cm großen Rechteck ausrollen (ca. 6 mm dick). Die Füllung gleichmäßig darauf verstreichen, dabei einen 1 cm breiten Rand aussparen. Das Teigrechteck von einer schmalen Seite her eng aufrollen. Die Teigrolle mit einem scharfen Messer an der Nahtstelle längs durchschneiden. Die Enden zusammennehmen und die beiden Stränge vorsichtig miteinander verzwirbeln. Die gezwirbelte Teigrolle in die Form legen und abgedeckt 1 Std. gehen lassen.

4 Den Backofen auf 190 °C vorheizen. Den Pistazien-Babka 30–35 Min. backen. Sollte er oben zu dunkel werden, nach der Hälfte der Backzeit mit Alufolie abdecken. Anschließend mind. 30 Min. abkühlen lassen, erst dann aus der Form lösen und vor dem Anschneiden vollständig auskühlen lassen. Nach Belieben mit Puderzucker bestäubt servieren.

• BRÖTCHEN BACKEN •

OVERNIGHT BUTTERMILCH-BRÖTCHEN

SCHWIERIGKEIT: ● ◐ ○
ZUBEREITUNG: CA. 20 MIN.   GEHZEIT: 12,5 STD.   BACKZEIT: 20–25 MIN.

FÜR 10 STÜCK

300 g Weizenmehl (Type 550)
plus etwas zum Verarbeiten
200 g Dinkelmehl (Type 630)
1½ TL Salz
12 g Hefe
100 ml lauwarmes Wasser
250 ml Buttermilch
1 EL Honig

1 Am Vorabend beide Mehle mit dem Salz vermengen. Die Hefe im Wasser auflösen. Das Hefewasser mit der Buttermilch und dem Honig zum Mehl geben und alles ca. 7 Min. auf niedriger Stufe verkneten. Den Teig abdecken und 1 Std. bei Zimmertemperatur gehen lassen. Dann über Nacht (mind. 10 Std.) im Kühlschrank reifen lassen.

2 Am nächsten Tag den Teig 1 Std. bei Zimmertemperatur abgedeckt gehen lassen. Dann auf der leicht bemehlten Arbeitsfläche in 10 gleich große Portionen (à ca. 85 g) teilen. Jede Teigportion zu einem Oval leicht flach drücken, dann beide länglichen Seiten jeweils zur Mitte hin einrollen und die Nähte mit den Fingern zusammendrücken. Die Teiglinge mit der Naht nach unten auf einem Bogen Backpapier verteilen, mit etwas Mehl bestäuben und abdeckt 30 Min. gehen lassen.

3 Inzwischen den Backofen auf 230 °C vorheizen. Ein Schälchen mit Wasser auf den Ofenboden stellen. Ein Backblech mit Backpapier auslegen und die Teiglinge mit der Naht nach oben auf dem Blech verteilen; so bekommen die Brötchen eine etwas rustikale Optik. Alternativ die Brötchen mit der Naht nach unten aufs Blech legen und die Oberfläche mit einem Messer längs einschneiden; dann reißen sie beim Backen gleichmäßiger auf. Die Buttermilchbrötchen 20–25 Min. backen, bis sie goldbraun sind. Nach 10 Min. die Ofentemperatur auf 200 °C reduzieren und das Schälchen mit Wasser entfernen. Die Brötchen auf einem Gitter abkühlen lassen.

KÖRNERECKEN

SCHWIERIGKEIT: ● ● ●

ZUBEREITUNG: CA. 1 STD. GEHZEIT: MIND. 15,5 STD. BACKZEIT: CA. 22 MIN.

FÜR 12 STÜCK

Für den Weizensauerteig

100 g Weizenmehl (Type 550)

85 ml lauwarmes Wasser

12 g Sauerteigansatz (s. S. 8)

Für den Vorteig

1 g Hefe

85 ml lauwarmes Wasser

100 g Weizenmehl (Type 550)

Für die Kerne-Samen-Mischung

30 g Sonnenblumenkerne

30 g helle Sesamsamen

30 g Leinsamen

50 ml kochendes Wasser

Für den Hauptteig

200 g Weizenmehl (Type 550)
plus etwas zum Verarbeiten

125 g Roggenmehl (Type 1150)

75 g Weizenvollkornmehl

2 TL Salz

3 g Hefe

210 ml lauwarmes Wasser

1 Am Vortag für den Weizensauerteig Mehl, Wasser und Sauerteigansatz verrühren und abgedeckt 12–16 Std. reifen lassen.

2 Für den Vorteig die Hefe im Wasser auflösen und das Hefewasser mit dem Mehl verkneten. Den Vorteig abdecken und zunächst 1 Std. bei Zimmertemperatur, dann im Kühlschrank mind. 12 Std. gehen lassen.

3 Am nächsten Tag für die Kerne-Samen-Mischung alle Zutaten bis auf das Wasser in einer Pfanne ohne Fett bei mittlerer Temperatur anrösten. Die Kerne und Samen in eine kleine Schüssel geben, mit dem kochenden Wasser bedecken und 30 Min. quellen lassen.

4 Für den Hauptteig die Mehle mit dem Salz vermengen. Die Hefe im Wasser auflösen und mit Honig, Leinöl, Weizensauerteig und Vorteig zum Mehl geben. 4 Min. auf niedriger Stufe, dann weitere 3 Min. auf der zweiten Stufe verkneten. Die Kerne-Samen-Mischung zugeben und 1 Min. langsam einarbeiten. Den Teig abdecken und 2 Std. gehen lassen. Währenddessen einmal ziehen und falten.

5 Die Mohn-, Sesam- und Leinsamen in einem tiefen Teller mischen. Auf einen weiteren Teller die Sonnenblumenkerne geben. Den Teig auf der leicht bemehlten Arbeitsfläche vorsichtig (ohne Kneten und zu viel Druck) zu einem ca. 2,5 cm hohen Quadrat formen. Mit einer Teigkarte 12 Dreiecke abstechen.

2 TL Honig

1½ EL Leinöl

Weizensauerteig (s. links)

Vorteig (s. links)

Kerne-Samen-Mischung (s. links)

Außerdem

je 1 kleine Handvoll Mohn-, Sesam- und Leinsamen

2 Handvoll Sonnenblumenkerne

6 Die Teiglinge rundum leicht mit Wasser bepinseln. Die Oberseiten in der Kerne-Samen-Mischung wälzen, die Unterseiten in den Sonnenblumenkernen wälzen. Die Teiglinge auf einem mit Backpapier ausgelegten Blech verteilen, abdecken und 30 Min. gehen lassen.

7 Den Backofen auf 250 °C vorheizen. Ein Schälchen mit Wasser auf den Ofenboden stellen. Die Brötchen 10 Min. backen, dann das Schälchen mit Wasser entfernen und die Temperatur auf 220 °C reduzieren. Die Körnerecken weitere 12 Min. backen, bis sie goldbraun sind.

MÖHREN-PEKANNUSS-BRÖTCHEN

SCHWIERIGKEIT: ●○○

ZUBEREITUNG: CA. 30 MIN.   GEHZEIT: 2 STD.   BACKZEIT: 22–25 MIN.

FÜR 10 STÜCK

250 g Möhren (ungeschält gewogen)

60 g Pekannusskerne (ersatzweise Walnusskerne)

150 g Weizenmehl (Type 550) plus etwas zum Verarbeiten

150 g Weizenvollkornmehl

150 g Roggenmehl (Type 997)

1 TL Salz

¼ TL Zimt

12 g Hefe

180 ml lauwarmes Wasser

1½ TL Ahornsirup

60 g Frischkäse

1 EL Orangensaft

1 Die Möhren schälen und fein raspeln. Die Pekannüsse klein hacken.

2 Die Mehle mit Salz und Zimt vermengen. Die Hefe im Wasser auflösen. Das Hefewasser mit Ahornsirup, Frischkäse, Orangensaft und 175 g Möhrenraspeln 5–7 Min. auf niedriger Stufe verkneten. Die Nüsse kurz unterkneten. Den Teig abdecken und ca. 1 Std. 30 Min. gehen lassen. Währenddessen einmal ziehen und falten.

3 Den Teig auf der bemehlten Arbeitsfläche in 10 Portionen (à 90–95 g) teilen. Diese zunächst rund wirken, dann länglich formen. Ein Blech mit Backpapier auslegen. Die Teiglinge darauf verteilen, mit etwas Mehl bestäuben, abdecken und 30 Min. gehen lassen.

4 Inzwischen den Backofen auf 220 °C vorheizen. Ein Schälchen mit Wasser auf den Ofenboden stellen. Die Teiglinge auf der Oberseite längs einschneiden und 22–25 Min. backen, bis sie goldbraun sind. Nach 10 Min. Backzeit die Ofentemperatur auf 200 °C reduzieren und das Schälchen mit Wasser entfernen. Die Brötchen auf einem Gitter abkühlen lassen.

RÖGGELCHEN

SCHWIERIGKEIT: ● ● ●

ZUBEREITUNG: CA. 45 MIN.   GEHZEIT: MIND. 15 STD.   BACKZEIT: CA. 22 MIN,

FÜR 9 STÜCK

Für den Sauerteig

125 g Roggenmehl (Type 1150)

125 ml lauwarmes Wasser

14 g Sauerteigansatz (s. S. 8)

Für den Hauptteig

200 g Vollkornweizenmehl

85 g Weizenmehl (Type 550)
plus etwas zum Verarbeiten

1½ TL Salz

4 g Hefe

180 ml lauwarmes Wasser

1 EL Ahornsirup

Sauerteig (s. o.)

1 Für den Sauerteig am Vortag Mehl, Wasser und Sauerteigansatz verrühren. Den Sauerteig abdecken und an einem warmen Ort 12–16 Std. reifen lassen.

2 Für den Hauptteig beide Mehle mit dem Salz vermengen. Die Hefe im Wasser auflösen. Das Hefewasser mit dem Ahornsirup und dem Sauerteig zum Mehl geben und alles zunächst auf niedriger Stufe 5 Min. verkneten. Dann auf der zweiten Stufe weitere 3 Min. zu einem geschmeidigen, leicht klebrigen Teig verarbeiten. Den Teig abdecken und 2 Std. 30 Min. gehen lassen. Währenddessen zweimal ziehen und falten.

3 Den Teig in 9 gleich schwere Portionen (à 75–80 g) teilen und jede Teigportion auf der leicht bemehlten Arbeitsfläche rund wirken. Die Teiglinge in Mehl wälzen und mit dem Schluss nach unten auf ein mit Backpapier ausgelegtes Blech setzen. Das Blech abdecken und die Teiglinge 30 Min. gehen lassen.

4 Inzwischen den Backofen auf 240 °C vorheizen. Ein Schälchen mit Wasser auf den Ofenboden stellen. Die Brötchen ca. 22 Min. backen, bis sie goldbraun sind. Nach 10 Min. das Schälchen mit Wasser entfernen und die Ofentemperatur auf 220 °C reduzieren. Die Brötchen auf einem Gitter abkühlen lassen.

BUCHWEIZEN-TOASTIES

SCHWIERIGKEIT: ●◐○

ZUBEREITUNG: CA. 25 MIN.   GEHZEIT: 2,5 STD.   BACKZEIT: 14–18 MIN. PRO PFANNE

FÜR 6 STÜCK

120 g Weizenmehl (Type 550)

80 g Buchweizenmehl

½ TL Salz

7 g Hefe

125 ml lauwarme Buttermilch

2 TL Zucker

25 g weiche Butter

Außerdem

ca. 30 g Maisgrieß für Polenta

Rapsöl zum Braten

1 Beide Mehle mit dem Salz mischen. Die Hefe in der Buttermilch auflösen und mit Zucker und Butter zum Mehl geben. Ca. 6 Min. auf niedriger Stufe zu einem geschmeidigen Teig verkneten. Den Teig abdecken und 2 Std. gehen lassen. Währenddessen einmal ziehen und falten.

2 Den Teig in 6 Portionen (à ca. 60 g) teilen, diese vorsichtig rund wirken und flach drücken (ca. 1 cm dick). Den Maisgrieß in einen tiefen Teller füllen. Die Teiglinge darin wälzen, auf einem Bogen Backpapier verteilen, abdecken und ca. 30 Min. gehen lassen.

3 Eine große beschichtete Pfanne mit einem Tropfen Öl auswischen und bei mittlerer Temperatur erhitzen. Die Toasties portionsweise (je 3 auf einmal) darin 7–9 Min. pro Seite unter einmaligem Wenden backen, bis sie goldbraun sind. Ggf. die Temperatur etwas reduzieren, sollten die Toasties zu schnell Farbe bekommen. Die fertigen Toasties abkühlen lassen, dann aufschneiden und nach Belieben beide Hälften im Toaster knusprig rösten.

MACADAMIA-ROSMARIN-BRÖTCHEN

SCHWIERIGKEIT: ● ● ◐

ZUBEREITUNG: CA. 35 MIN.   GEHZEIT: MIND. 15 STD.   BACKZEIT: 18–20 MIN.

FÜR 7 STÜCK

Für den Weizensauerteig

45 g Weizenvollkornmehl

50 ml lauwarmes Wasser

5 g Sauerteigansatz (s. S. 8)

Für den Hauptteig

60 g Macadamianusskerne
(geröstet und gesalzen)

220 g Weizenmehl (Type 550)
plus etwas zum Verarbeiten

40 g Weizenvollkornmehl

¾ TL Salz

3 g Hefe

155 ml lauwarmes Wasser

1 TL Honig

Weizensauerteig (s. o.)

1½ TL gerebelter Rosmarin

1 Für den Weizensauerteig am Vortag Mehl, Wasser und Sauerteigansatz verrühren. Den Sauerteig abdecken und 12–15 Std. reifen lassen.

2 Für den Hauptteig die Macadamianüsse klein hacken. Beide Mehle mit dem Salz vermengen. Die Hefe im Wasser auflösen und mit Honig und Weizensauerteig zum Mehl geben. 6 Min. zunächst auf kleiner, dann auf der zweiten Stufe zu einem geschmeidigen Teig verkneten. Nüsse und Rosmarin ca. 1 Min. auf niedriger Stufe unterkneten. Den Teig abdecken und 2 Std. gehen lassen. Währenddessen einmal ziehen und falten.

3 Den Teig anschließend in 7 gleich große Portionen (à 75–80 g) teilen. Die Teiglinge rund wirken, dabei in Mehl wälzen, und mit dem Strudel nach unten auf einem mit Backpapier ausgelegten Blech verteilen. Das Blech abdecken und die Teiglinge 1 Std. gehen lassen.

4 Den Backofen auf 240 °C vorheizen. Ein Schälchen mit Wasser auf den Ofenboden stellen. Die Brötchen auf der Oberfläche kreuzförmig einschneiden und 18–20 Min. backen, bis sie goldbraun sind. Nach 10 Min. das Schälchen mit Wasser entfernen und die Temperatur auf 220 °C reduzieren. Die Brötchen auf einem Gitter abkühlen lassen.

JOGHURT-CRANBERRY-BRÖTCHEN

SCHWIERIGKEIT: ●●○

ZUBEREITUNG: CA. 25 MIN   GEHZEIT: MIND. 10,5 STD   BACKZEIT: 15–17 MIN

FÜR 9 STÜCK

150 g Weizenmehl (Type 550) plus etwas zum Verarbeiten

150 g Dinkelmehl (Type 630)

100 g Dinkelvollkornmehl

¾ TL Salz

4 g Hefe

385 g Naturjoghurt (3,8 % Fett), zimmerwarm

1 EL Honig

50 g getrocknete Cranberrys, fein gehackt

Außerdem

1 Eigelb

1 EL Milch

1 Am Vorabend die Mehle mit dem Salz vermengen. Die Hefe im Joghurt auflösen. Joghurt-Hefe-Mischung und Honig zum Mehl geben und alles 7 Min. auf niedriger Stufe zu einem geschmeidigen Teig verkneten. Die Cranberrys zugeben und 1 Min. langsam untermengen, bis ein weicher, leicht klebriger Teig entstanden ist. Den Teig abdecken und 1 Std. bei Zimmertemperatur, dann über Nacht mind. 8 Std. im Kühlschrank gehen lassen.

2 Am nächsten Morgen den Teig 1 Std. bei Zimmertemperatur gehen lassen. Dann auf der leicht bemehlten Arbeitsfläche vorsichtig (ohne Kneten und Druck) zu einem ca. 2,5 cm hohen Quadrat formen, dabei möglichst kein Mehl einarbeiten. Mit einer Teigkarte 9 quadratische Teiglinge abstechen. Diese mit ausreichend Abstand zueinander auf einem mit Backpapier ausgelegten Blech verteilen und abgedeckt 30 Min. gehen lassen.

3 Den Backofen auf 240 °C vorheizen. Ein Schälchen mit Wasser auf den Ofenboden stellen. Das Eigelb mit der Milch verquirlen und die Brötchen damit bestreichen. Die Brötchen 15–17 Min. im Ofen backen, bis sie goldbraun sind.

MOHNKNOTEN

SCHWIERIGKEIT: ● ● ○

ZUBEREITUNG: CA. 40 MIN. GEHZEIT: 6,5 STD. BACKZEIT: CA. 20 MIN.

FÜR 8 KNOTEN

Für den Vorteig

1 g Hefe

155 ml lauwarmes Wasser

155 g Weizenmehl (Type 550)

¼ TL Zucker

Für den Hauptteig

225 g Weizenmehl (Type 550)
plus etwas zum Verarbeiten

1 TL Salz

55 ml lauwarmes Wasser

30 ml lauwarme Milch

1 EL Zucker

7 g Hefe

15 g weiche Butter

Vorteig (s. o.)

Außerdem

ca. 30 g Mohnsamen zum Wälzen

1 Für den Vorteig die Hefe im Wasser auflösen. Das Hefewasser mit Mehl und Zucker verrühren. Den Vorteig abdecken und 4 Std. gehen lassen.

2 Für den Hauptteig das Mehl mit dem Salz mischen. Wasser und Milch mit dem Zucker verrühren und die Hefe darin auflösen. Hefegemisch, Butter und Vorteig zum Mehl geben und alles ca. 8 Min. auf niedriger Stufe zu einem geschmeidigen Teig verkneten. Den Teig abdecken und 2 Std. gehen lassen. Währenddessen einmal ziehen und falten.

3 Den Teig auf der leicht bemehlten Arbeitsfläche in 8 Portionen (à 75–80 g) teilen. Jede Teigportion zunächst vorsichtig rund wirken, die Teiglinge anschließend zu ca. 22 cm langen Strängen rollen und diese verknoten. Die Enden auf der Unterseite zusammendrücken. Die Knoten auf einen Bogen Backpapier setzen, abdecken und 30 Min. gehen lassen.

4 Inzwischen den Backofen auf 240 °C vorheizen. Ein Schälchen mit Wasser auf den Ofenboden stellen. Ein Backblech mit Backpapier auslegen. Die Knoten auf der Oberseite mit Wasser bepinseln, in Mohnsamen wälzen und auf dem Backblech verteilen. Die Mohnknoten 10 Min. backen, dann die Temperatur auf 220 °C reduzieren und das Schälchen mit Wasser entfernen. Die Brötchen weitere 10 Min. backen. Auf einem Gitter auskühlen lassen.

APFEL-ZIMT-BRÖTCHEN

SCHWIERIGKEIT: ● ○ ○
ZUBEREITUNG: CA. 25 MIN.   BACKZEIT: 12–14 MIN.

FÜR 10–12 KLEINE BRÖTCHEN

1 Bio-Zitrone

2 kleine Äpfel

110 g kalte Butter

350 g Weizenmehl (Type 550)
plus etwas zum Verarbeiten

80 g Weizenvollkornmehl

50 g Zucker

1 Pck. Bourbon-Vanillezucker

1 TL Backpulver

¼ TL Salz

1 TL Zimt

150 ml Milch

1 Ei (Größe M)

Außerdem

1 Ei (Größe M)

1 EL Milch

2 EL brauner Zucker

runde Ausstechform (Ø 5 cm)

1 Die Zitrone heiß abwaschen und trocken tupfen. Die Schale ohne das bittere Weiße fein abreiben und 2 EL Saft auspressen. Die Äpfel schälen, vierteln, vom Kerngehäuse befreien und in 5 mm kleine Würfel schneiden. 10 g Butter in einer Pfanne zerlassen und die Apfelwürfel darin 5 Min. dünsten.

2 Den Backofen auf 240 °C vorheizen. Ein Blech mit Backpapier auslegen. Beide Mehle, Zucker, Vanillezucker, Backpulver, Salz und Zimt vermengen. Die Butter in kleine Stücke schneiden und mit der Mehlmischung krümelig reiben. Milch, Ei, Zitronensaft und -abrieb verquirlen und zur Mehlmischung geben. Alles zügig zu einem Teig verkneten. Dabei die Äpfel untermengen.

3 Den leicht klebrigen Teig auf der bemehlten Arbeitsfläche mit ebenfalls leicht bemehlten Händen zu einem gleichmäßigen, ca. 2 cm dicken Fladen behutsam flach drücken. Daraus Kreise ausstechen. Das Ei mit der Milch verquirlen und die Teigkreise damit bepinseln. Mit braunem Zucker bestreuen. Die Brötchen mit etwas Abstand zueinander auf dem Blech verteilen und 12–14 Min. backen, bis sie goldbraun sind; im letzten Backdrittel darauf achten, dass sie nicht zu dunkel werden oder etwaige herunterlaufende Eimischung anbrennt. Die Brötchen auf einem Gitter abkühlen lassen.

BROTSPIELEREIEN
& AUFSTRICHE

ZUPFBROT MIT PARMESAN, RICOTTA UND THYMIAN

SCHWIERIGKEIT: ● ● ○
ZUBEREITUNG: CA. 40 MIN.   GEHZEIT: 2,5 STD.   BACKZEIT: CA. 40 MIN.

FÜR 1 KASTENBROT

Für den Teig

300 g Weizenmehl (Type 550)
plus etwas zum Verarbeiten und
für die Form

200 g Dinkelmehl (Type 630)

1 TL Salz

18 g Hefe

200 ml lauwarmes Wasser

100 g Ricotta

85 g Olivenöl

1½ TL Honig

Für die Füllung

2 Knoblauchzehen

5 Zweige Thymian

85 g weiche Butter plus etwas
für die Form

Salz

frisch gemahlener schwarzer Pfeffer

80 g Parmesan

Außerdem

Kastenform (ca. 25 cm Länge)

1 Für den Teig die Mehle mit dem Salz vermengen. Hefe im Wasser auflösen und mit Ricotta, Öl und Honig zum Mehl geben. Den Teig ca. 6 Min. auf niedriger Stufe kneten, abdecken und 2 Std. gehen lassen.

2 Für die Füllung Knoblauch schälen und pressen. Die Thymian-Blättchen abzupfen und hacken. Butter weiß-cremig schlagen. Thymian, Knoblauch, Salz und Pfeffer unterrühren. Parmesan fein reiben.

3 Die Kastenform fetten und mit Mehl ausstäuben. Den Teig auf der bemehlten Arbeitsfläche zu einem Quadrat (ca. 45 cm Seitenlänge) ausrollen. Mit Thymianbutter bestreichen und mit 60 g Parmesan bestreuen. Den Teig in 6 gleich breite Streifen schneiden, dann diese quer halbieren. Jeweils 3 Streifen mit der Parmesanseite nach oben übereinanderlegen und dritteln. Die Form senkrecht aufstellen und die Teigquadrate zügig hineinstapeln. Die Form auf ihren Boden stellen, die Quadrate etwas auseinanderziehen und leicht flach drücken. Mit restlichem Parmesan bestreuen. Abgedeckt 30 Min. gehen lassen.

4 Den Backofen auf 180 °C vorheizen. Das Brot ca. 40 Min. backen. Nach der Hälfte locker mit Alufolie abdecken, damit es nicht zu stark bräunt. Das Brot in der Form auskühlen lassen, dann ggf. mit einem dünnen Messer vorsichtig vom Rand lösen und vorsichtig stürzen.

ORIENT-BURGER

SCHWIERIGKEIT: ●◐○

ZUBEREITUNG: CA. 1 STD.   GEHZEIT: CA. 2,5 STD.   BACKZEIT: 15–17 MIN.

FÜR 5 BURGER

Für die Buns

280 g Weizenmehl (Type 550)
plus etwas zum Verarbeiten

50 g Weizenvollkornmehl

1 TL Salz

je ¼ TL gemahlener Kreuzkümmel
und Koriander

8 g Hefe

200 ml lauwarmes Wasser

1½ TL Zucker

20 g Rapsöl

2 Eigelb

Sesamsamen zum Bestreuen

Für die Füllung

625 g Lammhackfleisch (alternativ
Rinderhackfleisch)

1½ TL Salz

¼ TL Pfeffer

1 TL Ras el Hanout

5 Blätter Radicchio (alternativ
Eichblattsalat)

1 kleine rote Zwiebel

3 EL Rapsöl

10 EL Rote-Bete-Tahin-Dip (s. S. 91)

3 EL Granatapfelkerne

1   Für die Buns beide Mehle mit Salz und Gewürzen mischen. Hefe im Wasser auflösen und mit Zucker, Öl und ein Eigelb zum Mehl geben. 5 Min. auf niedriger Stufe, dann 3 Min. auf der zweiten Stufe verkneten. Abgedeckt 2 Std. gehen lassen. Währenddessen zweimal ziehen und falten.

2   Ein Backblech mit Backpapier auslegen. Den Teig auf der leicht bemehlten Arbeitsfläche in 5 Portionen (à 100–110 g) teilen und diese rund wirken. Auf dem Blech verteilen, abdecken und 30 Min. gehen lassen. Den Backofen auf 240 °C vorheizen. Das zweite Eigelb mit 2 EL Wasser verquirlen. Die Buns mit der Eigelbmischung bestreichen und mit Sesam bestreuen. 15–17 Min. backen, nach 10 Min. die Ofentemperatur auf 220 °C reduzieren.

3   Für die Füllung das Hackfleisch mit Salz, Pfeffer und Ras el Hanout würzen und zu 5 runden Pattys formen. Radicchio waschen und trocken schleudern. Zwiebel schälen und in Ringe schneiden. Öl in einer Pfanne erhitzen und die Pattys darin 3–5 Min. pro Seite braten.

4   Die Buns aufschneiden und die Schnittflächen nach Belieben anrösten. Die unteren Hälften mit je 1 EL Rote-Bete-Tahin-Dip bestreichen und mit Radicchio, Patty und Zwiebel belegen. Erneut 1 EL Dip daraufgeben und die Granatapfelkerne darüberstreuen. Die oberen Bun-Hälften aufsetzen.

ZWIEBEL-ZWIRBEL-GRISSINI

SCHWIERIGKEIT: ● ● ◐

ZUBEREITUNG: CA. 45 MIN. GEHZEIT: MIND. 14,5 STD. BACKZEIT: 15–18 MIN.

FÜR CA. 10 STÜCK

Für den Weizensauerteig

50 g Weizenmehl (Type 550)

50 ml lauwarmes Wasser

5 g Sauerteigansatz (s. S. 8)

Für den Hauptteig

1 kleine rote Zwiebel

2 EL Olivenöl plus etwas zum Bepinseln

½ TL Zucker

165 g Weizenmehl (Type 550) plus etwas zum Verarbeiten

80 g Weizenvollkornmehl

1 gestrichener TL Salz

2 g Hefe

130 ml lauwarmes Wasser

Weizensauerteig (s. o.)

1 TL gerebelter Thymian

1 Für den Weizensauerteig am Vorabend alle Zutaten vermengen. Den Teig abgedeckt 12–16 Std. reifen lassen.

2 Für den Hauptteig die Zwiebel schälen und sehr fein würfeln. 1 EL Öl in einer Pfanne erhitzen und die Zwiebel darin glasig dünsten. Mit dem Zucker kurz karamellisieren lassen, dann beiseitestellen. Die Mehle mit dem Salz vermengen. Hefe im Wasser auflösen und mit Weizensauerteig und 1 EL Öl zum Mehl geben. Den Teig 7 Min. auf niedriger Stufe kneten. Zwiebelwürfel und Thymian zugeben und 2 Min. langsam unterkneten. Den Teig abdecken und 2 Std. gehen lassen. Währenddessen zweimal ziehen und falten.

3 Ein Backblech mit Backpapier auslegen. Den Teig auf der bemehlten Arbeitsfläche zu einem Rechteck (ca. 20 cm x 32 cm) ausrollen. Mit einem scharfen Messer längs 10 ca. 2 cm breite Streifen zuschneiden. Die Streifen mit etwas Olivenöl bepinseln, von beiden Seiten vorsichtig zwirbeln, doppelt nehmen, nochmals miteinander verzwirbeln und auf das Blech legen. Der weiche Teig wird beim Zwirbeln auseinandergezogen; nach dem Zwirbeln sollten die Streifen ca. 35 cm lang sein. Die Oberflächen mit wenig Olivenöl bepinseln. Die Grissini abgedeckt 30 Min. gehen lassen.

4 Den Backofen auf 220 °C vorheizen. Ein Schälchen mit Wasser auf den Ofenboden stellen. Die Grissini 15–18 Min. backen. Nach 10 Min. das Schälchen mit Wasser entfernen und die Temperatur auf 200 °C reduzieren.

GEFÜLLTE CROISSANTS

SCHWIERIGKEIT: ● ● ●

ZUBEREITUNG: 1,5 STD.   GEHZEIT: 15,5 STD.

KÜHLZEIT: 1,5 STD.   BACKZEIT: 25 MIN.

FÜR 10–12 STÜCK

Für den Vorteig

1 g Hefe

125 ml lauwarmes Wasser

125 g Weizenmehl (Type 550)

Für den Hauptteig

250 g Weizenmehl (Type 550)
plus etwas zum Verarbeiten

75 g Weizenmehl (Type 1050)

½ TL Salz

10 g Hefe

135 ml lauwarme Milch

20 g weiche Butter

1 TL Zucker

Vorteig (s. o.)

Für die Füllung

10–12 dünne Stangen grüner Spargel

10–12 kleine Scheiben Schwarzwälder Schinken

10–12 TL Grünspargel-Gruyère-Aufstrich (Rezept s. S. 93)

Außerdem

150 g kalte Butter

1 Eigelb

1 Für den Vorteig am Vortag die Hefe im Wasser auflösen und mit dem Mehl mischen. 1 Std. bei Zimmertemperatur, dann 12 Std. im Kühlschrank gehen lassen.

2 Für den Hauptteig Mehle und Salz vermengen. Hefe in Milch auflösen und mit Butter, Zucker und Vorteig zum Mehl geben. Ca. 8 Min. auf niedriger Stufe verkneten. Abgedeckt 2 Std. gehen lassen.

3 Den Teig auf der bemehlten Arbeitsfläche zu einem 7 mm dicken Rechteck (24 cm x 32 cm) ausrollen. Die Butter in Scheiben (3 mm) schneiden und eine Hälfte des Rechtecks dicht damit belegen, einen schmalen Rand lassen. Die freie Hälfte überklappen, die Ränder andrücken. Erneut ausrollen (26 cm x 36 cm), dabei darauf achten, dass keine Butter austritt. Den Teig wie einen Brief in 3 Schichten falten. In Frischhaltefolie wickeln und 30 Min. kalt stellen. Erneut rechteckig ausrollen und in 4 Schichten falten. 30 Min. kalt stellen. Den Vorgang wiederholen. Den Teig erneut 30 Min. kühlen.

4 Den Spargel putzen, auf ca. 12 cm kürzen und 3 Min. in kochendem Wasser blanchieren. Je 1 Stange in 1 Scheibe Schinken wickeln. Den Teig 6 mm dick ausrollen und in 10–12 längliche Dreiecke schneiden. Die kurze Seite mit je 1 TL Aufstrich bestreichen und mit Spargel belegen. Die Teigdreiecke aufrollen, auf ein mit Backpapier ausgelegtes Blech legen, abdecken und 30 Min. gehen lassen.

5 Den Backofen auf 200 °C vorheizen. Eigelb mit 1 EL Wasser verquirlen. Die Croissants damit bepinseln und 25 Min. backen. Vor dem Verzehr 10 Min. abkühlen lassen.

LAUGENHERZEN

SCHWIERIGKEIT: ● ● ◐
ZUBEREITUNG: CA. 1 STD.   GEHZEIT: MIND. 12 STD. 15 MIN.
KÜHLEN: 15 MIN.   BACKZEIT: 12–14 MIN.

FÜR CA. 15 STÜCK

Für den Vorteig

1 g Hefe

65 ml lauwarmes Wasser

75 g Weizenmehl (Type 550)

Für den Hauptteig

200 g Weizenmehl (Type 550)
plus etwas zum Verarbeiten

55 g Dinkelmehl (Type 630)

1 TL Salz

75 ml lauwarmes Wasser

50 ml lauwarme Milch

20 g Rapsöl

7 g Hefe

1 TL Honig

1 Eigelb

Vorteig (s. o.)

Außerdem

100 g Natron

Fleur de Sel und Sesamsamen
zum Bestreuen

Herzausstecher (ca. 8 cm)

1 Für den Vorteig am Vorabend die Hefe im Wasser auflösen und mit dem Mehl vermengen. Abdecken und mind. 10 Std. bei Zimmertemperatur gehen lassen.

2 Für den Hauptteig beide Mehle mit dem Salz vermengen. Wasser, Milch und Öl verrühren und die Hefe darin auflösen. Hefegemisch mit Honig, Eigelb und Vorteig zum Mehl geben und alles auf niedriger Stufe 5 Min. verkneten, dann auf der zweiten Stufe 4 Min. zu einem glatten Teig verarbeiten. Den Teig abgedeckt ca. 2 Std. gehen lassen. Nach der Hälfte der Zeit auf der leicht bemehlten Arbeitsfläche einmal kurz kräftig durchkneten.

3 Den Teig 1 cm dick ausrollen und Herzen ausstechen. Die Herzen auf 2 kleine, mit Backpapier ausgelegte Tabletts legen und abgedeckt ca. 15 Min. gehen lassen. Dann die Herzen ca. 15 Min. ins Gefrierfach geben.

4 Den Backofen auf 210 °C vorheizen. 2 Bleche mit Backpapier auslegen. 1 l Wasser aufkochen und mit dem Natron verrühren (Achtung, das schäumt). Vom Herd nehmen und 1 Min. abkühlen lassen. Die Herzen mit einem Schaumlöffel nacheinander 3–5 Sek. in die Lauge tauchen, kurz abtropfen lassen und auf die Bleche legen. Mit Fleur de Sel und Sesamsamen bestreuen. Die Bleche nacheinander in den Ofen schieben und die Herzen 12–14 Min. backen. Auf einem Gitter abkühlen lassen.

HAM & CHEESE SCONES

SCHWIERIGKEIT: ● ○ ○
ZUBEREITUNG: CA. 25 MIN. BACKZEIT: 14–17 MIN.

FÜR 8 STÜCK

100 g gekochter Schinken

2 kleine Frühlingszwiebeln

425 g Weizenmehl (Type 550)
plus etwas zum Verarbeiten

1 gehäufter EL Zucker

1 TL Backpulver

½ TL Salz

¼ TL Paprikapulver edelsüß

100 g kalte Butter

85 ml Milch

75 g Naturjoghurt

1 Ei (Größe M)

100 g geriebener Mozzarella

Außerdem

1 Ei (Größe M)

1 EL Milch

1 Den Schinken in sehr feine Würfel schneiden. Die Frühlingszwiebeln waschen, putzen und in feine Ringe schneiden.

2 Den Backofen auf 230 °C vorheizen, ein Backblech mit Backpapier auslegen. Mehl, Zucker, Backpulver, Salz und Paprikapulver vermengen. Die Butter in kleine Stücke schneiden und mit der Mehlmischung krümelig reiben. Milch, Joghurt und Ei verquirlen und zugeben. Alles zügig zu einem glatten Teig verkneten. Schinken, Frühlingszwiebeln und Mozzarella zufügen und kurz einarbeiten.

3 Den leicht klebrigen Teig auf der bemehlten Arbeitsfläche mit ebenfalls leicht bemehlten Händen zu einem gleichmäßigen, ca. 3 cm hohen Kreis behutsam flach drücken. Den Kreis achteln und die so entstandenen Dreiecke auf das Backblech setzen. Das Ei mit der Milch verquirlen und die Teiglinge damit bepinseln. Die Scones 14–17 Min. backen. Am besten lauwarm genießen.

PULLED FISH BAGELS

SCHWIERIGKEIT: ● ● ○

ZUBEREITUNG: CA. 1 STD.   GEHZEIT: 2,5 STD.   BACKZEIT: CA. 40 MIN.

FÜR 4 BAGELS

Für den Teig

200 g Weizenmehl (Type 550)
plus etwas zum Verarbeiten

55 g Weizenvollkornmehl

1 TL Salz

8 g Hefe

155 ml lauwarmes Wasser

1 TL Zucker

1 EL Rapsöl

je 1 EL helle und dunkle Sesam-
und Mohnsamen

je 1 TL Knoblauch- und Zwiebel-
granulat

Für den Belag

500 g Lachsfilet

2 EL Rapsöl

Salz, Pfeffer

1 große Bio-Zitrone

2 Tomaten

8 Romanasalatblätter

200 g Gurkencreme mit Kapern
(s. S. 93)

Außerdem

je 1 TL Salz und Zucker zum Kochen

Butter zum Bestreichen

1 Für den Teig die Mehle und Salz mischen. Hefe im Wasser auflösen und mit Zucker und Öl zum Mehl geben. 7 Min. auf niedriger Stufe verkneten. Abgedeckt 2 Std. gehen lassen. Währenddessen einmal ziehen und falten. Den Teig in 4 Portionen (à 100–110 g) teilen, diese auf der leicht bemehlten Arbeitsfläche rund formen und leicht flach drücken. Mit dem Finger ein Loch in die Mitte drücken und dieses mit einer Kreisbewegung auf 3 cm dehnen. Bagels auf ein mit Backpapier ausgelegtes Blech setzen und abgedeckt 30 Min. gehen lassen.

2 Den Backofen auf 220 °C vorheizen, ein Schälchen mit Wasser auf den Ofenboden stellen. Samen und Gewürze mischen. In einem Topf 1,5 l Wasser mit Salz und Zucker aufkochen. Temperatur reduzieren und die Bagels darin nacheinander mithilfe eines großen Schaumlöffels 40 Sek. ziehen lassen. Auf das Blech setzen, vorsichtig in Form bringen und mit der Gewürzmischung bestreuen. Die Bagels 20 Min. backen, nach 10 Min. das Schälchen mit Wasser entfernen.

3 Für den Belag Lachs in eine geölte, ofenfeste Form legen. Salzen und pfeffern. Zitrone in Scheiben schneiden und auf dem Lachs verteilen. Bei 160 °C 20 Min. garen. Zitrone entfernen und den Fisch mit einer Gabel auseinanderzupfen. Tomaten in Scheiben schneiden. Salat etwas kleiner zupfen. Bagels aufschneiden, nach Belieben toasten und mit Butter bestreichen. Mit Salat, Lachs und Tomate belegen und die Creme daraufgeben. Die oberen Hälften aufsetzen.

BUNTER PAPRIKA-MAIS-AUFSTRICH

FÜR CA. 430 G

je ¼ rote und grüne Paprikaschote
(insgesamt 100 g)

70 g Mais (Dose)

250 g Joghurt-Frischkäse

1 TL Zitronensaft

1 TL Honig

1 TL getrockneter Oregano

Salz

frisch gemahlener schwarzer Pfeffer

1 Prise Paprikapulver (nach Belieben
edelsüß oder rosenscharf)

1 Paprika waschen, von Samen und Scheidewänden
befreien und sehr fein würfeln. Mais abtropfen lassen.

2 Frischkäse, Zitronensaft, Honig, Oregano, Paprika
und Mais verrühren. Mit Salz, Pfeffer und Paprikapulver
würzen.

ROTE-BETE-TAHIN-DIP

FÜR CA. 440 G

300 g vorgegarte Rote Bete

1 Knoblauchzehe

100 g Naturjoghurt

2–3 EL Tahin (Sesampaste)

2 TL Zitronensaft

1 TL Honig

Salz

frisch gemahlener schwarzer Pfeffer

¼ TL gemahlener Kreuzkümmel

1 Prise Zimt

1–2 EL helle Sesamsamen

2 Stängel Minze

1 Rote Bete grob zerkleinern, Knoblauch schälen.
Beides mit Joghurt, Tahin, Zitronensaft und Honig im
Mixer fein pürieren. Mit Salz, Pfeffer, Kreuzkümmel
und Zimt würzen.

2 Sesam in einer Pfanne ohne Fett rösten. Minze abbrausen, trocken tupfen und nach Belieben in feine Streifen schneiden. Den Dip mit Sesam und Minze garnieren.

ZUCCHINICREME MIT WALNÜSSEN

FÜR CA. 375 G

225 g Zucchini

4 Stängel Petersilie

1 Knoblauchzehe

75 g Frischkäse

1 EL Olivenöl

1 TL Honig

2 Spritzer Zitronensaft

½ TL Salz

2 Prisen frisch gemahlener
schwarzer Pfeffer

¼ TL gemahlener Kreuzkümmel

1 Msp. Chiliflocken

75 g Walnusskerne

1 Zucchini waschen, putzen, in 1,5 cm große Würfel schneiden, mit etwas Wasser in einem Topf aufkochen und abgedeckt ca. 5 Min. köcheln lassen. Petersilie abbrausen, trocken tupfen und die Blättchen abzupfen. Knoblauch schälen. Zucchiniwürfel abgießen, gut abtropfen lassen und mit Frischkäse, Olivenöl, Honig, Zitronensaft, Salz und Pfeffer, Gewürzen, Petersilie und Knoblauch fein pürieren.

2 Die Walnusskerne in einer Pfanne ohne Fett anrösten, bis sie aromatisch duften. Kurz abkühlen lassen, eine Hälfte grob, die andere Hälfte fein hacken. Die grob gehackten Nüsse unter die Creme mixen. Die fein gehackten Nüsse anschließend unterheben. Die Zucchinicreme mit Salz und Pfeffer abschmecken.

TOMATEN-FETA-PESTO

FÜR CA. 400 G

20 g Pinienkerne

100 g getrocknete Tomaten
in Öl (Glas)

1 Fleischtomate (ca. 200 g)

1 Knoblauchzehe

100 g Feta

1 Prise frisch gemahlener
schwarzer Pfeffer

1 Pinienkerne in einer Pfanne ohne Fett goldbraun rösten. Die getrockneten Tomaten etwas abtropfen lassen (Öl aufbewahren) und grob zerkleinern. Die Fleischtomate mit kochendem Wasser überbrühen, kalt abschrecken, häuten, von Stielansatz und Samen befreien und grob hacken. Knoblauch schälen. Feta grob zerkleinern.

2 Alle Zutaten mit 3 EL vom Öl der eingelegten Tomaten (ersatzweise Olivenöl), Pfeffer und 1 EL Wasser im Mixer fein cremig pürieren, ggf. etwas mehr Wasser untermixen.

GRÜNSPARGEL-GRUYÈRE-AUFSTRICH

FÜR CA. 150 G

8 Stangen grüner Spargel

Salz

40 g Gruyère

½ Bio-Zitrone

4 Stängel Schnittlauch

3 Frühlingszwiebeln

½ EL Olivenöl

250 g Frischkäse

100 g Crème fraîche

frisch gemahlener schwarzer Pfeffer

1 Prise Zucker

1 Den Spargel putzen, grob klein schneiden und ca. 12 Min. in kochendem Salzwasser garen. Den Gruyère fein reiben. Die Zitrone heiß abwaschen, trocken tupfen und 1½ TL Schale abreiben. Schnittlauch waschen, trocken tupfen und in Röllchen schneiden. Frühlingszwiebeln waschen, putzen, in feine Ringe schneiden und im Öl 5 Min. dunsten.

2 Frischkäse, Crème fraîche und gut abgetropften Spargel sehr fein pürieren. Gruyère, Zitronenabrieb, Schnittlauch und Frühlingszwiebeln unterrühren. Den Aufstrich mit Salz, Pfeffer und Zucker würzen.

GURKENCREME MIT KAPERN

FÜR CA. 300 G

½ kleine Salatgurke

½ kleine rote Zwiebel

4 Stängel Petersilie

3 TL Kapern (Glas)

3 TL Zitronensaft

200 g Crème fraîche

50 g Naturjoghurt (3,8 % Fett)

1 TL Honig

Salz

frisch gemahlener schwarzer Pfeffer

1 Gurke und Zwiebel schälen und sehr fein würfeln. Petersilie waschen, trocken tupfen und die Blättchen fein hacken. Kapern abtropfen lassen und fein hacken.

2 Alle vorbereiteten Zutaten mit Zitronensaft, Crème fraîche, Joghurt und Honig verrühren. Die Creme mit Salz und Pfeffer würzen.

ZUTATENREGISTER

REZEPTREGISTER

CHRISTIN GEWEKE ist freie Kochbuch-
Redakteurin, zuvor war sie als Lektorin in
verschiedenen Verlagshäusern tätig. Neben
dem Schreiben gehört vor allem das Backen
zu ihrer großen Leidenschaft. Daher steht sie
auch in jeder freien Minute in der Küche und
tüftelt an neuen Brot- und Kuchenrezepten.
Mit Mann, Tochter, Sohn und Katze lebt sie in
der Nähe von Celle auf dem Land.

INGO EISENHUT und STEFAN MAYER
sind echte Profis wenn es um Lebensmittel-
fotografie und Food-Styling geht. In zahl-
reichen deutschsprachigen Magazinen,
Kochbüchern von Spitzenköchen, sowie in
der Werbung sieht man regelmäßig ihre
wundervollen, stets appetitanregenden
Arbeiten.
www.eisenhut-mayer.com

FSC
www.fsc.org

MIX
Papier aus verantwor-
tungsvollen Quellen
FSC® C008047

5 4 3 2   24 23 22 21
ISBN 978-3-88117-225-7

Rezepte: Christin Geweke
Fotos: Eisenhut & Mayer mit besonderem Dank an Peter Podpera
Layout: Stefanie Wawer
Redaktion: Jasmin Parapatits
Herstellung: Anja Bergmann
Litho: FSM Premedia GmbH & Co. KG, Münster
Satz: Helene Hillebrand

© 2020 Hölker Verlag in der Coppenrath Verlag GmbH & Co. KG,
Hafenweg 30, 48155 Münster, Germany
Alle Rechte vorbehalten, auch auszugsweise

www.hoelker-verlag.de